LE POUVOIR DE LA LUNE

LES GUIDES DE L'ÉVEIL

MERILYN KESKÜLA-DRUMMOND

LE POUVOIR DE LA LUNE

Émancipez-vous grâce aux cycles lunaires

FIRST
ÉDITIONS

Publié pour la première fois en 2020 par Aster, un département de Octopus Publishing Group, Ltd
Carmelite House
50 Victoria Embankment
London EC4Y 0DZ
www.octopusbooks.co.uk

ISBN : 978-2-412-05923-4
Dépôt légal : octobre 2020
Imprimé en Chine

Traduction : Emmanuelle Debon
Correction : Françoise Caille
Mise en page : Frédéric Voisin

Éditions First, un département d'Édi8
92, avenue de France - 75013 Paris
France
Tél. : 01 44 16 09 00
Fax : 01 44 16 09 01
Email : firstinfo@efirst.com
Ste Internet : www.editionsfirst.fr

Sommaire

Introduction

Pourquoi la Lune? Pourquoi maintenant?

Je suis heureuse que vous soyez ici. Je vous en remercie infiniment, vous qui savez que la vie n'est pas un parcours linéaire et immuable. Je remercie également tous les enseignants – les esprits comme les vivants – qui m'ont soufflé à l'oreille la teneur de ce livre, et toutes les personnes de mon entourage qui m'ont aidée à réaliser ce rêve.

C'est peut-être l'apaisement profond du féminin et du masculin qui a lieu un peu partout, ou le désir croissant d'entremêler les pratiques anciennes et la technologie moderne, ou le besoin de se reconnecter à la nature et au cosmique, ou l'accent mis sur l'émancipation des femmes, ou tout autre élément flottant dans notre conscience collective, qui a ravivé notre fascination pour la Lune – à moins que ce soit lié au cinquantième anniversaire du tout premier alunissage en 1969, qui a lieu au moment où j'écris ce livre.

Quoi qu'il en soit, notre monde foisonne d'interconnexions. Alors que nous nous réveillons du profond sommeil où nous ont plongés l'industrialisme et le patriarcat, le serpent de notre force d'âme individuelle redresse la tête. Nous voyons naître un respect grandissant envers les femmes et le pouvoir créateur féminin, et davantage de gratitude pour la Terre-Mère, le sol et toutes les créatures vivantes qui nous entourent.

Nous sommes appelés à aligner notre respiration sur celle de l'Univers et nos voix sur celles de la Terre et des étoiles.

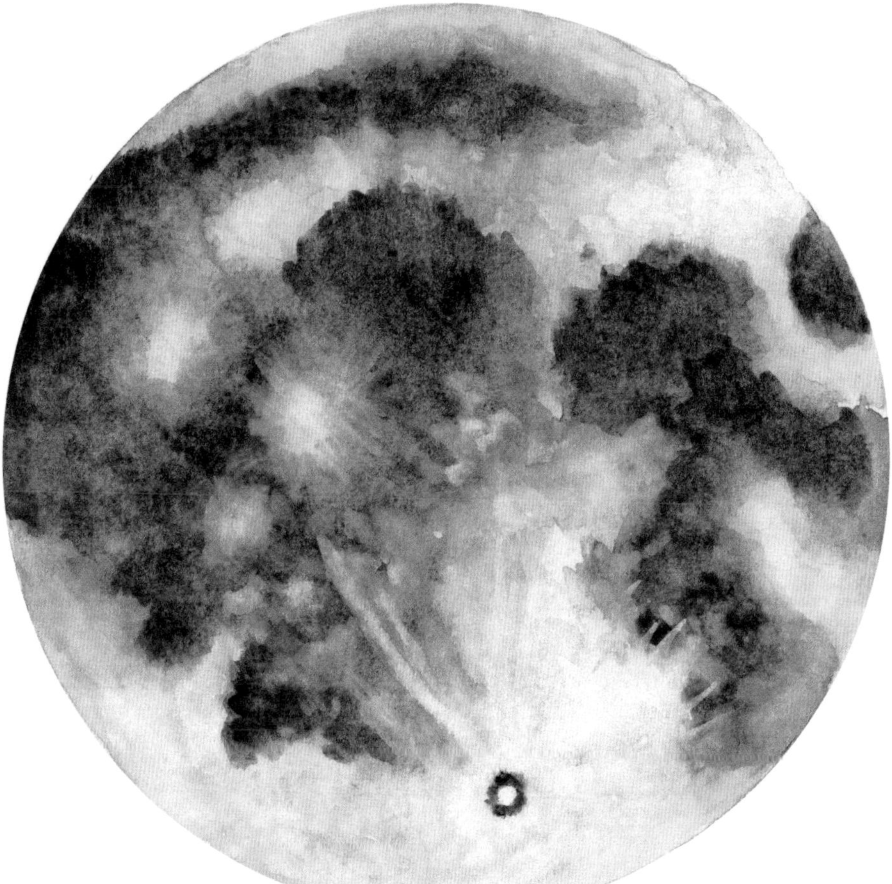

Par où commencer ?

Avec toutes les modalités de guérison à notre portée, comment savoir où commencer l'aventure ?

Je crois que chacun d'entre nous possède une empreinte personnelle lui permettant d'atteindre ses performances optimales. Une carte qui nous guide vers le succès, fondée sur le flux et la croissance durable. Nous participons tous au rythme de l'Univers, tout en étant parfaitement uniques en tant qu'individus. Pour ce voyage, je veux vous donner une carte de la Lune, la merveilleuse alliée fluctuante de la Terre. La Lune nous permet d'apprendre à aligner et à raffermir notre énergie quand nous naviguons sur la rivière cosmique du temps divin, à atteindre nos objectifs et à identifier les moments les plus adaptés à l'expansion ou au repli.

La Lune est le sésame vers votre puissance intérieure.

Tout est cyclique : le fonctionnement de notre corps, le mouvement des planètes, l'alternance continue du jour et de la nuit comme celle des saisons. Tous ces cycles affectent notre vie en profondeur. Nous pouvons refuser de sortir des sentiers battus ou alors prendre du recul pour observer et analyser les rouages intimes de ces cycles, faire confiance à leur mécanisme et aligner notre vie sur ces schémas créés par la nature. Nous pouvons ainsi développer notre aisance, notre créativité et notre fluidité.

Quand arrive la fin de l'automne, l'ours ne se dit pas : « Vous savez quoi, je ne vais pas hiberner, cet hiver. Ce n'est pas du tout productif ! » Nous, les humains, semblons être la seule espèce à penser que nous pouvons aller à l'encontre de la nature et du flux physique et énergétique, présent en nous depuis notre naissance. Il est impossible de désirer seulement l'inspiration, nous devons aussi vider nos poumons, en même temps nous nous débarrassons du dioxyde de carbone produit par le corps. Pourtant, dans notre monde moderne, il semblerait que nous ayons oublié d'expirer. Est-ce que vous retenez votre respiration pendant que vous rédigez un e-mail ?

LA LUNE VOUS AIDERA À :

- ☽ Nourrir votre éclat en posant des limites saines.
- ☽ Vous reposer et vous divertir davantage.
- ☽ Prévoir les moments de conception, d'organisation et de réflexion.
- ☽ Comprendre vos besoins et apprendre à utiliser les outils pour les satisfaire, et bien plus encore.

Les cycles naturels, comme le cycle menstruel féminin, les phases lunaires et les saisons, sont les repères immémoriaux du corps et de l'âme. Ils sont la carte qui indique comment accéder au temps divin et au bonheur.

Si vous avez l'impression constante de lutter pour avancer ; si, après une journée remplie de stress et d'angoisse, vous êtes épuisé alors qu'il vous reste une longue liste de choses à faire, je vous invite à vous intéresser à la vie cyclique. C'est le moment ou jamais de revoir votre façon de gérer le quotidien, de lancer votre nouvelle activité professionnelle ou de créer quelque chose de neuf. Je vous propose d'observer et de comprendre les schémas cycliques qui se produisent en vous et tout autour de vous. Voici la carte qui va vous mener à votre puissance intime et à votre fertilité créative tout en respectant votre caractère unique, votre rythme naturel et votre temporalité divine.

CARTOGRAPHIER LA LUNE, OÙ QUE VOUS SOYEZ :

Ce livre a été écrit depuis le point de vue de l'hémisphère nord, mais les informations qu'il contient sont tout aussi pertinentes si vous vivez dans l'hémisphère sud. L'apparence de la Lune dans l'hémisphère sud est simplement l'image en miroir de celle qui apparaît dans l'hémisphère nord, et les phases sont identiques. Ainsi, la Lune croît par le côté droit dans l'hémisphère nord et par le côté gauche dans l'hémisphère sud.

Comment je suis devenue adepte de la Lune

Mylky Moon Lab... Il y a quelques années, ce nom s'est tout naturellement imposé à moi, comme soufflé par l'Univers, sans plus d'explications. C'est arrivé après une décennie que je pourrais qualifier de semi-noyade dans une eau glacée – vous savez, quand votre corps est anesthésié, presque gelé, déconnecté, et que vous luttez continuellement pour garder la tête hors de l'eau et respirer.

En tant que productrice événementielle et spécialiste en marketing créatif pour de grands noms de la mode et de la technologie, je ne donnais pas vraiment l'image de quelqu'un de vulnérable. Pourtant, j'enchaînais les hauts et les bas, et j'étais incapable de définir les limites dont j'avais pourtant désespérément besoin pour consolider mon être profond. J'avais toujours l'impression que la ligne qui me séparait des autres, de mon travail, de mes exigences et des environnements dans lesquels j'évoluais n'était pas claire. J'avançais dans une barque au cœur de la tempête. Je me sentais mal à l'aise, fragile, sans ancrage.

Même si je n'ai pas grandi dans un tel environnement, mon expérience m'a fait prendre conscience que notre culture axée sur le travail est, elle aussi, déconnectée de toute notion de cycle naturel et des énergies féminines telles que la sensibilité. En conséquence, beaucoup d'entre nous se sentent au bout du rouleau.

Alors, au lieu de continuer à ce rythme que je m'étais moi-même imposé et de me sentir coupable quand j'étais physiquement ou psychologiquement épuisée, j'ai appuyé sur pause (ce qui est presque un luxe de nos jours) et je me suis attelée à la découverte de mon être profond. Cette démarche m'a menée à la création de Mylky Moon Lab,

Lorsque nous sommes en adéquation avec les schémas universels qui nous entourent, et que nous prenons conscience de nos propres cycles intérieurs, nous créons les nouveaux paradigmes de notre vie et de notre travail.

Nous devons accorder de l'importance à l'intuition, à la sensibilité et à la sagesse du corps pour créer et vivre dans un espace différent et plus aligné.

une exploration de nos rythmes personnels pour approfondir notre existence et notre créativité en étant à l'écoute des fluctuations de nos cycles au lieu de suivre un parcours linéaire.

Dans cette optique, Mylky (= la nourriture) Moon (= les phases et les motifs) Lab (= la recherche, l'exploration et l'innovation) n'est pas un produit de consommation. C'est une entité en constante évolution, une invitation à découvrir une existence en adéquation avec les cycles et les schémas qui existent en nous et hors de nous. C'est aussi une invitation à fonder notre vie et nos projets professionnels sur la solidité et l'abondance au lieu de persister dans un état de lassitude et d'affaiblissement.
Je ne suis pas née dans une communauté hippie, enveloppée d'une bulle d'amour cosmique. J'ai passé une enfance plutôt difficile en Estonie soviétique. Je n'ai pas été initiée dès mon plus jeune âge à la méditation et au yoga. Je ne suis jamais allée en Inde pour rencontrer un gourou. J'ai bu beaucoup d'alcool et j'ai même passé une nuit en cellule après avoir perdu connaissance dans la rue. Je détestais le sexe, que je pratiquais pourtant beaucoup. J'ai passé presque une décennie à sauter d'un avion à l'autre. Heureusement, j'ai eu la chance de sentir le besoin de m'arrêter et j'ai acquis la profonde certitude que, pour construire une société viable, qui donne autant qu'elle prend, nous devons renoncer à cette quête de croissance effrénée pour adopter un modèle cyclique, fondé à la fois sur l'expansion et le repli, similaire à l'inspiration et l'expiration. Nous devons respecter le yin, réceptivité et lenteur, comme le yang, réalisation et action.
Et ce voyage commence de l'intérieur.

Pourquoi *Le Pouvoir de la Lune* ?

Ce livre vous ouvre la porte. Il vous apprend à explorer le « calendrier de la Lune », à vivre et à créer en adéquation avec vos variations énergétiques. C'est la voie vers le bien-être absolu.

L'astrologie grand public, comme les horoscopes des journaux, que vous lisez le matin d'un œil distrait, s'intéresse uniquement aux signes solaires. Le Soleil est traditionnellement associé à un point de vue masculin et externe : la façon dont nous brillons, comment nous sommes perçus par les autres.

Comparée à l'éclatante boule de feu du Soleil, la Lune est plutôt timide et discrète. Peu intéressée par le devant de la scène, elle est une travailleuse de l'ombre, dissimulée en coulisse. Elle tire les ficelles, fait monter ou descendre le rideau, et s'assure que les acteurs sont prêts à monter sur scène quand vient leur tour. La Lune est le rouage indispensable pour que l'histoire s'écrive. S'il n'y avait que le Soleil – l'acteur principal –, la pièce serait dépourvue de sens et de cohérence.

Mais que signifie tout cela, rapporté à notre expérience personnelle ? Cela veut dire que la Lune est un miroir pour le cheminement de notre âme. Elle gouverne chacune de nos expériences – qu'elles soient joyeuses, tristes ou effrayantes – et nos émotions. La Lune est notre vie quotidienne.

Elle nous indique le chemin à suivre, pas à pas, pour atteindre notre objectif et enfin dévoiler nos dons, que nous sommes ici pour partager. Le Soleil est la lumière (et l'objectif final), la Lune nous parle de l'ombre.

D'un point de vue strictement astronomique, la Lune est le corps céleste le plus proche de nous. Elle est la créatrice des flux et reflux, des poussées et tractions, qui affectent les eaux de la Terre. La Lune éclaire aussi le ciel nocturne – un symbole de notre âme, de notre subconscient ou de l'état de rêve – et, lorsqu'elle est entièrement illuminée (pendant la pleine lune), beaucoup d'entre nous ressentent une forte agitation de l'âme et des émotions accrues. Des échantillons géologiques de la surface lunaire ont d'ailleurs fait état de similarités avec ceux qui sont issus de l'intérieur de la Terre, *La Luna* reflète donc notre monde intérieur de bien des façons.

Nous sommes des êtres cycliques. Nous respirons à l'unisson avec le rythme universel, nous sommes affectés par les saisons, le jour et la nuit, et le mouvement des planètes de notre galaxie cosmique.

En étant attentifs à la sagesse inhérente à notre corps et aux schémas naturels, grâce à la reconnexion et à l'alignement sur les flux et reflux en nous et autour de nous, nous pouvons restructurer notre vie personnelle et professionnelle sur une base stable, créative, intuitive et sereine.

Peut-être avez-vous remarqué que, certains matins, vous vous réveillez empli d'énergie, extraverti et confiant et, le lendemain, vous êtes plus introverti, sensible et émotif. Certains jours, tout vous semble possible ; à d'autres moments, en revanche, vous « ne vous sentez pas vous-même » et rien ne se passe comme vous le souhaitez. Nous passons sans raison apparente de l'énergie à la fatigue ou à la créativité – notre énergie physique et nos émotions fluctuent constamment, en phase avec les cycles intérieurs et le rayonnement cosmique. Apprendre à composer avec ces modèles peut modifier en profondeur tous les aspects de notre vie : travail, relations et santé. Lorsque nous sommes capables d'observer et d'anticiper nos états physiques et mentaux, nous pouvons nous organiser en conséquence.

J'ai écrit ce livre pour vous inviter à être attentif aux schémas universels qui vous entourent tout en respectant vos cycles intérieurs. Ainsi, vous pourrez créer un nouveau paradigme et vous reconnecter afin de vivre et travailler en accord avec la nature. Vous allez apprendre à suivre votre propre courant. Apprendre à écouter la nature, la nuit, les rêves, la magie, la créativité et le subconscient, la fertilité et la féminité, mais aussi la lumière, la rapidité, l'action et l'esprit conscient.

Les descriptions et les rituels que vous allez découvrir au fil des pages s'inspirent de mes connaissances en astrologie, de livres et de formations, de mes observations personnelles sur la rotation de la Lune par rapport à ma vie quotidienne et d'informations que j'ai relayées de manière intuitive – issues des *Moon Letters* bimensuelles que je publie depuis déjà plusieurs années.

Quelle est votre intention lunaire ?

Pourquoi avez-vous choisi ce livre ?

Quelle partie de votre vie aimeriez-vous vraiment changer ou guérir ?

Quel est votre objectif numéro un pour l'année ou le mois à venir ?

Je vous invite à formuler VOTRE INTENTION LUNAIRE. Un aspect essentiel sur lequel vous souhaitez travailler, comme une promesse faite à vous-même. Notez-la dans votre carnet ou dans votre journal de Lune (voir page 72) ou sur un post-it que vous pouvez coller à l'intérieur de l'armoire de votre salle de bains. L'idée est de vous rappeler POURQUOI vous consacrez ce temps et cette énergie à en apprendre davantage sur notre compagne lunaire et sur les mystères cosmiques.

Quelques exemples :

- Mon intention est de repenser et de reconcevoir chaque processus en y intégrant une perspective cyclique, de changer radicalement ma façon de rêver, de créer, d'imaginer et de faire évoluer ma vie, ma carrière, mon entreprise.
- Je maîtrise mon énergie physique et mentale et je commence à respecter le caractère changeant de ma nature.
- Je suis attentif au flux de créativité, d'efficacité et de confort dans ma façon de travailler : surmenage, agitation et épuisement ne font plus partie de mon vocabulaire !
- J'identifie mes besoins et mes désirs, et je mets en place les moyens de les atteindre.
- J'acquiers les clefs pour mieux gérer mes relations et je prends conscience que personne n'est parfait (pas même moi).
- Je mets en place un rythme naturel de travail et je compose un programme adapté à ma vie et à mon énergie.
- Je me reconnecte à un mode de vie plus sain et naturel, que je connais déjà au plus profond de moi. Je veux vivre en synchronicité avec le monde qui m'entoure et je vais respecter le rythme divin.

Pour rendre votre intention plus efficace, vous pouvez ajouter un délai. Voici un exemple.

Dans ____ mois, j'aurai réussi à :

- ☽ faire davantage confiance à mon corps et à ma force intérieure plus qu'à n'importe quel élément extérieur ;
- ☽ établir ma propre cadence et oublier le stress quotidien ;
- ☽ ralentir radicalement – je me reposerai et prendrai davantage de plaisir – tout en étant finalement plus créatif, plus productif et plus efficace ;
- ☽ instaurer un dialogue intime avec mon flux intérieur et mes intentions tout en cheminant vers ma destination (le succès !) ;
- ☽ me respecter (ainsi que mon temps et mon énergie) et inviter les autres à me respecter (ainsi que mon travail) ;
- ☽ maîtriser les capacités de mes collègues et de mon équipe en appréciant l'énergie dont ils disposent à un moment donné.

Écrivez votre intention lunaire ci-dessous. N'oubliez pas le plus important : pour un exercice de ce type, il n'y a aucune règle, sauf VOS propres règles. Tout, ici, n'est qu'inspiration ou invitation.

....

....

....

....

....

Première partie

Qui est la Lune ?

D'où vient la Lune ?

La Lune n'est jamais statique. C'est une entité dynamique qui possède plusieurs facettes, exactement comme nous. La Lune est constamment en mouvement. Elle gravite autour de la Terre comme une fidèle compagne, voyage entre les constellations et forme au passage des figures avec les autres corps célestes. On pense que, sans la Lune pour stabiliser l'orbite de la Terre, notre climat serait bien plus extrême. Mais comment est née la Lune ?

Les hypothèses sur la formation de la Lune sont nombreuses. Jusqu'à récemment, la plus largement acceptée était celle d'une collision géante entre la Terre et une petite planète, Théia. Au moment de cet impact, la majorité des matériaux de la Terre et de Théia auraient fusionné pour former une seule planète. Les débris détachés lors de la collision auraient alors formé la Lune.

Cette théorie est cependant largement critiquée, car elle implique, selon la plupart des reconstitutions, que plus de 60 % des matériaux lunaires devraient être composés de parties de Théia. Or, la Terre et la Lune ont une composition isotopique similaire, et on n'y trouve aucune trace de Théia. Les scientifiques ont donc contesté la théorie de Théia et suggéré l'idée d'un impact multiple : la Terre serait entrée en collision avec plusieurs corps, envoyant en orbite des nuages de débris et de vapeur qui auraient formé de petites lunes qui se seraient regroupées en une seule.

De quoi est constituée la Lune ?

J'ai toujours aimé l'idée que la Lune pourrait être faite de fromage. C'est charmant, non ? En fait, la Lune est beaucoup plus « cool » que ça.

Comme la Terre, la Lune est constituée d'une croûte, d'un manteau et d'un noyau que l'on pense être composé de fer solide et enveloppé d'un noyau externe en fer liquide. L'intérieur de la *Luna*, ou lithosphère, est une couche de près de 1 000 kilomètres d'épaisseur où s'est formé le magma à l'origine des plaines de lave visibles en surface. Il n'y a pourtant plus d'activité volcanique : d'un point de vue géologique, la Lune est inactive.

Les scientifiques pensaient que les taches sombres à la surface de la Lune étaient des océans ; ils les ont donc appelées *maria* au singulier, *mare*, soit « mers », en latin. Ce sont en réalité des « mers » de lave solidifiée.

La croûte de la Lune est en régolithe : une couche meuble et d'épaisseur irrégulière composée de poussière, de terre ou de débris de roches qui recouvrent la roche-mère. Les étendues plus claires sont des anorthosites lunaires, des formations rocheuses ignées. Les plus sombres, les « mers » lunaires, sont composées de basalte (une roche volcanique noire). Lorsque nous regardons la Lune, elle peut ressembler à un visage dont les traits seraient formés par les « mers ». *Mare Imbrium* (la mer des Pluies) et *Mare Tranquilitatis* (la mer de la Tranquillité) dessinent deux yeux, et *Mare Nubium* (la mer de Nuages) ressemble à une bouche. Il existe de nombreux mythes autour des ombres lunaires et de ce qu'elles pourraient représenter (voir page 31).

Grâce à des techniques de datation radiométrique, l'âge des roches prélevées sur la Lune a été estimé entre 3,16 et 4,44 milliards d'années. Par comparaison, les plus anciennes roches terrestres auraient 4,55 milliards d'années. La Lune et la Terre pourraient donc s'être formées approximativement à la même période.

La course à l'espace

Dans les années 1950 et 1960, la Lune est devenue une destination très prisée. Le monde entier s'est passionné pour cette véritable compétition appelée la course à l'espace.

Contrairement aux États-Unis qui affichaient fièrement leurs exploits, les Russes se sont montrés beaucoup plus discrets. Sur fond de propagande, le pays attirait l'attention sur ses progrès, mais passait sous silence toutes les expérimentations qui avaient échoué. La rivalité entre ces deux puissances mondiales a dépassé la course à l'espace et à l'alunissage pour devenir le symbole de la puissance, de la détermination et de la persévérance.

Les chiens utilisés dans le programme spatial soviétique sont devenus des vedettes nationales. C'étaient des chiennes errantes envoyées dans l'espace à bord de modules conçus sur mesure pour vérifier la faisabilité du voyage spatial. Ces animaux étaient entraînés à porter la combinaison spatiale, à rester calmes pendant des heures et à être enfermés dans des centrifugeuses qui simulaient le lancement d'une fusée. Ces expériences soulèvent d'évidentes questions éthiques liées aux droits des animaux, mais, dans l'Union Soviétique, ces « exploratrices de l'espace » étaient de véritables héroïnes du prolétariat. Les photographies de ces célèbres chiennes (comme Laïka, « la petite aboyeuse céleste », envoyée en orbite, qui n'a pas survécu au stress et à la chaleur, mais dont les médias soviétiques ont pourtant affirmé qu'elle était revenue de mission « vivante et en bonne santé ») étaient imprimées sur toutes sortes d'objets, des paquets de cigarettes aux assiettes ou aux cartes postales.

L'alunissage réussi de la fusée américaine Apollo 11 en 1969 est en grande partie le fruit du travail et de l'audace de quelques ingénieures. Margaret Hamilton dirigeait à l'époque l'équipe de développement logiciel de la NASA qui a permis de développer le système embarqué des missions lunaires. Grâce à sa contribution, les vols du programme Apollo n'ont connu aucun dysfonctionnement logiciel. Katherine Johnson, surnommée l'« ordinateur humain » de la NASA, a calculé les trajectoires, les fenêtres de lancement et les retours d'urgence des vols spatiaux, dont Apollo 11.

« We came in peace for all mankind»

(Nous sommes venus en paix au nom de toute l'humanité)

Plaque déposée sur la Lune par les astronautes d'Apollo 11 en juillet 1969.

La danse du Soleil, de la Lune et de la Terre

La Lune reflète environ 12 % de la lumière solaire qui atteint sa surface. Dans ce livre, lorsqu'il est question des phases et des déplacements de la Lune dans les constellations, nous adoptons le point de vue d'un habitant de la Terre pour observer l'éternelle danse entre ces trois entités : le Soleil, la Lune et la Terre.

La Lune se trouve à environ 384 400 kilomètres de la Terre et elle est maintenue dans son orbite elliptique grâce au phénomène de la gravité. La Terre tourne autour du Soleil à une distance moyenne de 149 597 870 kilomètres, soit une unité astronomique de longueur (UA).

Bien que le Soleil soit environ 400 fois plus gros que la Lune, il est également 400 fois plus éloigné, c'est ce qui rend l'éclipse solaire possible.

La force gravitationnelle de la Lune et du Soleil crée quotidiennement deux marées basses et deux marées hautes qui se produisent à certains points de la Terre, en fonction de sa rotation. La Lune, beaucoup plus proche de nous que le Soleil, est la principale responsable des variations de hauteur de nos eaux. Les marées ont en réalité le pouvoir de modifier la vitesse de la Lune et de la Terre : la Lune s'approche légèrement de nous pendant les marées hautes et la rotation de la Terre ralentit. Cela signifie que nos jours allongent, bien que ce ne soit que d'une minuscule fraction de seconde par siècle.

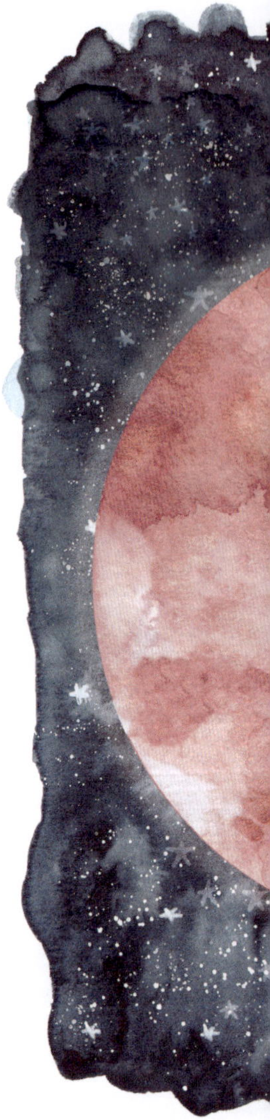

Le corps d'un humain adulte contient environ
70 % de fluides, la plupart dans nos cellules.
Est-ce que la gravité de la Lune « danse »
aussi avec notre corps physique ?

La mode de l'ère spatiale

Dans les années 1960, l'ère spatiale marque une véritable révolution dans l'esthétique et les matières de la mode vestimentaire. La vague « new look » impose ses palettes monochromes, ses silhouettes épurées, ses imprimés futuristes ou encore ses motifs imprimés qui s'inspirent de la surface de la Lune.

Nous devons ce style cosmique aux grands couturiers français André Courrèges et Pierre Cardin, ainsi qu'à l'Espagnol Paco Rabanne. Courrèges propose un style Space Age, avec masques et casques de protection, lunettes de soleil opaques et pantalons gris métallisé. Outre sa passion pour les formes géométriques, il est le premier à incorporer le plastique et le PVC à ses créations. Sa collection « Moon Girl » met en avant des silhouettes minimalistes et des tenues d'un blanc presque clinique, avec quelques touches vives d'orange et de jaune.

Paco Rabanne conçoit ses propres « armures spatiales », avec des minirobes en cotte de mailles métallisées, bientôt considérées comme « l'uniforme de l'émancipation féminine ». Il sera sollicité pour la création des costumes de Barbarella, le rôle éponyme joué par Jane Fonda dans le film culte de Roger Vadim (1968).

Pierre Cardin est le seul civil à avoir eu le privilège de revêtir une combinaison spatiale de la NASA. En 1968, il dévoile sa célèbre collection « Cosmocorps » et crée la Cardine, un tissu synthétique thermoformé, conçu pour les impressions en relief. Il a également créé des robes électroniques agrémentées d'ampoules LED.

L'inspiration lunaire a continué à s'immiscer un peu partout. La couturière londonienne Mary Quant a intégré le plastique dans ses collections, en particulier avec ses imperméables « wet » blanc et argent d'inspiration Op art. La « Moon Boot », une botte de neige créée par Giancarlo Zanatta, reprend la forme et la technologie des bottes d'astronautes. En musique, Davis Bowie a créé son alter ego, l'astronaute Major Tom, avec *Space Oddity*. Ce titre lui permettra pour la première fois de se hisser dans le top cinq des singles au Royaume-Uni.

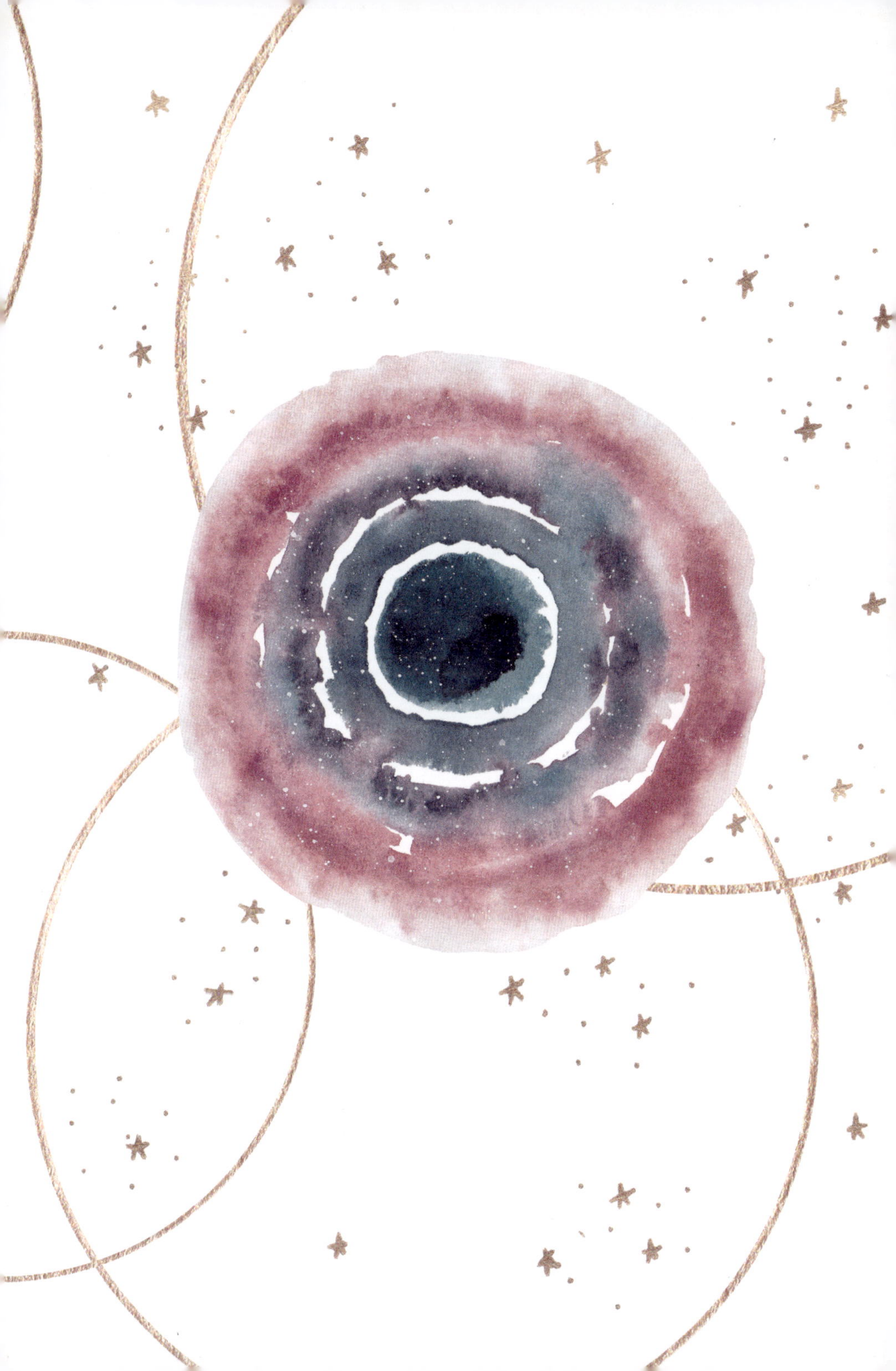

La Lune et les cultures

Depuis la nuit des temps, La Lune a reçu une myriade de noms et a inspiré d'innombrables légendes.

La Lune a toujours été associée à ses propres divinités, le plus souvent des déesses incarnant ses différentes phases à travers des archétypes féminins. La nouvelle lune – le temps de la jeunesse, de l'espoir et de la vitalité – est symbolisée par Diane, la déesse romaine, jeune chasseresse et gardienne de la procréation, un esprit libre qui errait dans les bois et protégeait les jeunes filles et les animaux. Dans la mythologie grecque, l'équivalent de Diane est la déesse Artémis, évocatrice de la dimension sauvage et juvénile de la Lune.

Les divinités de la pleine lune symbolisent la fertilité, l'abondance et la maternité, telle la déesse grecque Séléné, sœur

du dieu soleil Hélios, qui a donné naissance à cinquante filles. Son nom est à l'origine du terme « sélénologie » ou étude scientifique de la Lune. Isis, la donneuse de vie, est l'une des plus importantes divinités égyptiennes. Elle régit le mariage, la fertilité et l'accouchement. Rhiannon, déesse celtique de la Lune, incarne la renaissance, la sagesse, la métamorphose et la créativité.

La lune noire et décroissante a souvent été représentée par des déesses matures, sauvages et redoutables, comme la sombre Lilith, la déesse hindoue Kali ou encore la déesse grecque Hécate. Elles offrent la renaissance à travers la guérison et la destruction des schémas archaïques.

Il existe également plusieurs dieux masculins associés aux pouvoirs de la Lune, en particulier dans les cultures les plus éloignées de l'Occident, Sîn en Mésopotamie, Thot, Khonsou et Osiris dans l'Égypte antique, ainsi que le dieu hindou Chandra, souvent vénéré comme dieu de la fertilité. Il est possible que les nuits de pleine lune soient plus propices à la séduction, ce qui expliquerait que la Lune soit si souvent associée à la fertilité.

Les peuples antiques utilisaient les légendes pour expliquer les occurrences cosmiques comme les éclipses. Dans la mythologie hindoue, Râhu est un démon qui dévore la Lune et le Soleil, mais ne parvient pas à les garder en lui. Les éclipses représentent donc les occasions où le Soleil ou la Lune sont temporairement absorbés par le démon. Ces éclipses ont longtemps été redoutées, car assimilées à des périodes de chaos et de danger.

En Asie, la croyance populaire veut que la formation visible à la surface de la Lune représente un lapin ou un lièvre, symbole de fertilité, d'immortalité et de régéréresence. Dans les cultures maya et aztèque, les lièvres et les lapins sont également liés à la Lune.

Dans la tradition européenne, il est souvent question de « l'homme dans la Lune ». De nombreuses légendes racontent l'histoire d'hommes emportés sur la Lune pour avoir commis un crime ou pour lui avoir manqué de respect. Plusieurs contes estoniens évoquent l'histoire d'une femme partie chercher de l'eau un samedi soir, tard dans la nuit. Épuisée par sa longue journée de travail, elle accuse la Lune : « Toi, la paresseuse, qui me regardes depuis le ciel au lieu de m'aider à porter l'eau ! » La Lune l'aurait ravie à tout jamais pour lui avoir manquer de respect. D'autres légendes racontent que les ombres visibles à la surface de la Lune représentent un chasseur armé.

Le calendrier lunaire

Les Sumériens ont créé le premier calendrier fondé sur le voyage lunaire, qui comporte douze cycles. Comme ce calendrier n'était pas parfaitement synchronisé sur l'année solaire et les saisons, un mois supplémentaire était ajouté tous les quatre ans.

Les Babyloniens ont poursuivi les efforts des Sumériens en concevant le système des maisons astrologiques et des signes du zodiaque. Ils ont déterminé que les événements terrestres se déroulaient de façon cyclique, en fonction des mouvements du Soleil, de la Lune et des planètes. En observant la progression de la Lune et en étudiant son impact sur notre vie, ils ont imaginé le premier système se rapprochant de la cartographie lunaire (voir page 78).

Les Amérindiens utilisaient également les mouvements lunaires et comptaient le temps écoulé entre une nouvelle lune et la suivante. Chaque pleine lune portait un nom spécifique, ce qui leur permettait de se repérer dans les changements de saison et de mieux comprendre la nature, en particulier le comportement des animaux et des plantes.
Ces noms variaient d'une tribu à l'autre, en fonction des coutumes et des régimes alimentaires. Ainsi, pour les tribus se nourrissant principalement de poisson, la pleine lune d'août était celle de l'Esturgeon. Dans les communautés végétariennes, on l'appelait par exemple la lune de Maïs vert. La lune de janvier était celle des Loups, en raison de leurs hurlements à cette époque de l'année. La lune de la Neige ou de la Faim annonçait le mois de février. Au cœur de l'été, c'était la lune des Baies ou de l'Orage. La plus importante était probablement la lune des Moissons, qui correspond à l'équinoxe d'automne.

Le terme « lunatique » est issu du latin *lunaticus*, qui signifie « de la lune ». Il était employé pour désigner une personne qu'on pensait atteinte de maladie mentale, folle ou instable. Mais ces personnes suivaient peut-être tout simplement leur flux intérieur et vivaient en accord avec les mouvements constants de la respiration cosmique.

La lune des Moissons est un aussi un événement majeur dans le calendrier annuel celte : c'est le temps des récoltes et de la préparation des festivités destinées à remercier la Terre-Mère de son abondance et de sa générosité.

En Chine, chaque mi-automne, le quinzième jour du huitième mois lunaire, pendant la pleine lune, se déroule le festival de la Lune. Célébré en l'honneur de Chang'E, la déesse de la lune, cet événement est le deuxième plus important dans la tradition chinoise après la fête du Printemps. Les familles se rassemblent pour admirer le ciel et manger des gâteaux de lune : des pâtisseries traditionnelles rondes à la garniture sucrée, dégustées et offertes à cette occasion. Elles prient pour l'abondance, l'harmonie et la bonne fortune.

Au XVe siècle, le croissant de lune est devenu le symbole de la culture islamique. La célébration du ramadan, le mois de jeûne, commence à la nouvelle lune du neuvième mois de l'année islamique et s'achève à la nouvelle lune suivante. Dans cette culture, suivre le calendrier lunaire est une seconde nature.

Dans le calendrier chrétien, la date de la fête de Pâques est déterminée par la Lune : le dimanche de Pâques est le premier dimanche après la pleine lune qui survient pendant (ou juste après) l'équinoxe de printemps.

J'ai été surprise d'apprendre qu'en Estonie, aux antipodes des territoires amérindiens, février s'appelait aussi le mois du loup, c'est la saison des amours des loups, et que le mois de juin, quand le foin arrive à maturité, était le mois du lait, parce que les vaches qui se nourrissent de ce fourrage produisent du lait en abondance. Bien que relativement petites, les différentes communautés estoniennes possèdent différents noms pour les pleines lunes, comme les tribus amérindiennes.

De nombreux calendriers antiques s'appuyaient sur les différentes phases lunaires. La survie de l'espèce humaine dépendait alors d'une solide connaissance de la nature, de la terre et des cycles saisonniers, solaires et lunaires. Nous avons aujourd'hui oublié le respect des saisons, et nous l'avons remplacé par une alimentation trop souvent importée et disponible toute l'année sur les étals des supermarchés.

Pourtant, l'Univers nous parle. Le temps est devenu relatif. Nous sommes sur le point de comprendre que notre façon de penser, de mesurer et de catégoriser, rigide et créée par l'homme, n'est pas compatible avec l'avenir que nous voulons bâtir. Stress, épuisement et maladies découlent directement de notre manque de synchronisation avec les schémas de la nature et de notre incapacité à écouter les murmures de l'Univers.

JARDINER AVEC LA LUNE

Dans les civilisations babyloniennes et égyptiennes, notre chère Lune était un guide précieux qui permettait de déterminer les meilleurs moments pour semer et moissonner dans l'espoir de récoltes abondantes et saines. Selon la croyance, les phases lunaires influent sur la circulation de l'eau et des minéraux d'une plante à l'autre, de même qu'elles agissent sur le mouvement des marées.

Il existe trois méthodes pour jardiner avec la Lune : synodique, biodynamique et sidérale. La méthode synodique, la plus simple, s'appuie sur les phases de la Lune pour guider chaque activité. Par exemple, en lune croissante, les fluides montent jusqu'à atteindre le sommet de la plante à la pleine lune. On dit alors que la partie supérieure des plantes est plus juteuse et remplie d'énergie. Nous observons l'effet inverse en lune descendante : le flux de sève descend vers les racines. Nous devrions donc récolter les plantes à fruits ou à feuilles comestibles, les fleurs et les légumes pendant la pleine lune. En revanche, si nous cultivons des plantes racines, nous devrions les ramasser juste avant la nouvelle lune.

L'Allemande Maria Thun (1922-2012) a consacré sa vie à la recherche et à l'expérimentation du jardinage biodynamique en s'appuyant sur la philosophie de Rudolf Steiner.
Elle s'intéressait tout particulièrement aux mouvements lunaires dans les différents signes du zodiaque et à leur impact sur les cultures. Les expériences qu'elle a menées dans les années 1950 ont abouti à un découpage des jours du mois en jours racines, jours feuilles, jours fruits et jours fleurs, pour un rendement optimal.

On dit qu'il ne faut jamais jardiner pendant une éclipse de Lune.

Les phénomènes lunaires

La Lune est une créature dynamique. Ces dernières années, avec l'intérêt grandissant pour les mouvements lunaires et l'astrologie, une panoplie de termes est apparue dans les médias. Malgré la profusion d'articles et d'ouvrages, nous sommes peu à connaître le sens et l'origine de ces expressions.

La lune bleue

La lune bleue est une deuxième pleine lune qui apparaît dans un même mois calendaire, d'où l'expression anglaise *Once in a Blue Moon*, expression que l'on pourrait traduire par « tous les trente-six du mois ».

La super lune

Le terme super lune est apparu en 1979. Il désigne une pleine lune au périgée, quand la Lune est sur le point de son orbite le plus proche de la Terre. Ce phénomène est devenu célèbre quand il s'est produit trois fois de suite en 2016. La super lune de novembre 2016 fut la plus proche jamais observée en 69 ans. La prochaine, à s'annoncer encore plus proche, sera visible en 2034.

La lune de sang (ou lune rousse)

La lune de sang n'est qu'un autre nom donné à la traditionnelle lune du chasseur. Il s'agit de la deuxième pleine lune après l'équinoxe d'automne. Elle se produit généralement en octobre et marque le début de la saison de la chasse. Comme, en octobre et novembre, le lever de la lune est proche du coucher du soleil, la Lune peut prendre une teinte orange.

Ces dernières années, l'expression « lune de sang » a été utilisée pour décrire la Lune pendant une éclipse lunaire totale. Bien que masquée par la Terre durant une éclipse, la lumière du soleil vient frapper indirectement la surface de la Lune *via* l'atmosphère terrestre, d'où cette teinte rougeâtre. La couleur peut varier du rouge à l'orange et au doré selon la quantité de particules de poussière, de gouttelettes d'eau, de nuages et de brume présentes dans l'atmosphère.

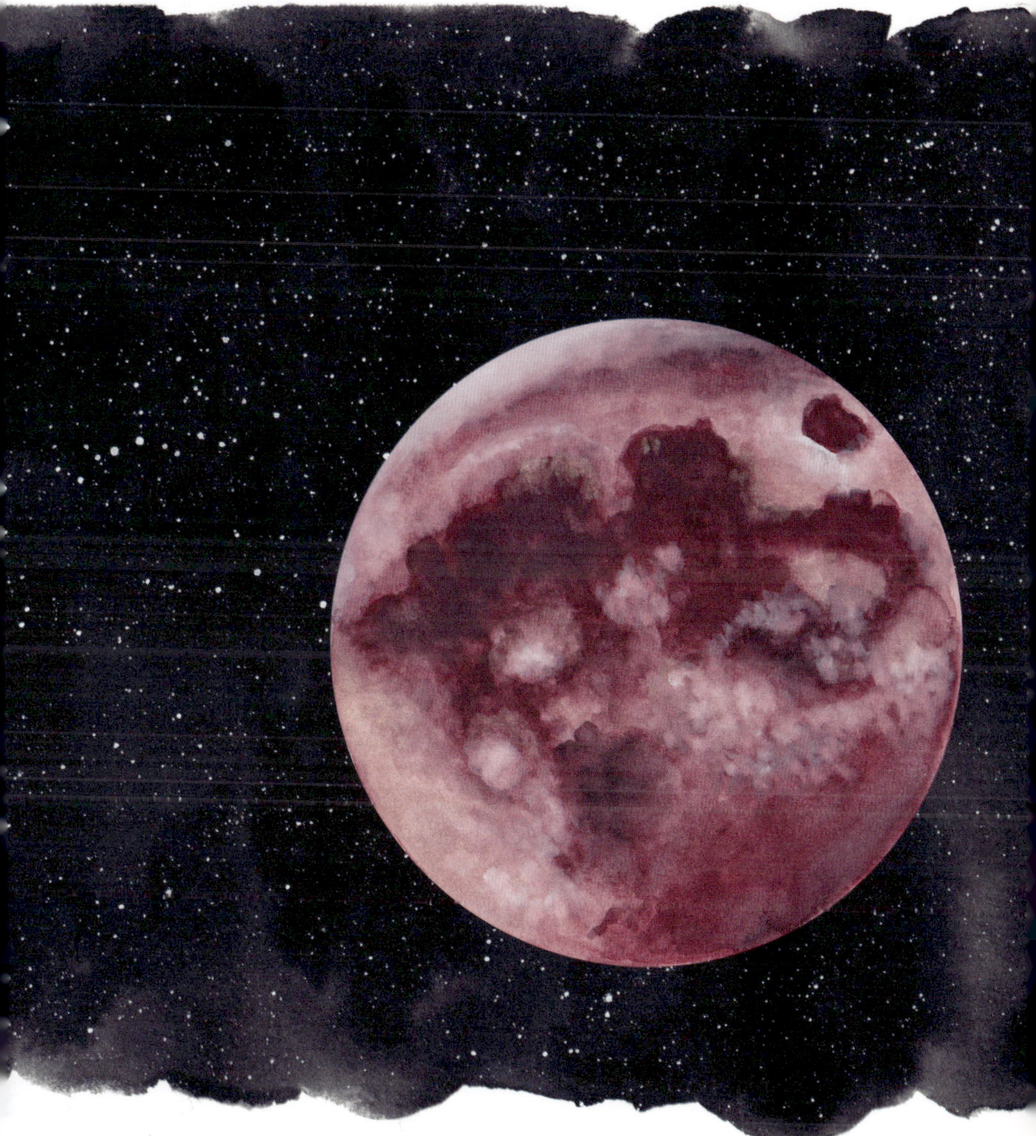

Temps des lunes et puissance féminine

La durée du cycle menstruel féminin correspond au temps moyen que met la Lune pour faire le tour de la Terre. Les phases lunaires peuvent être des métaphores du cycle menstruel : lune noire et nouvelle lune symbolisent les saignements mensuels – la purification, le nettoyage – et la pleine lune représente l'expansion précédant l'ovulation – une période de plénitude, d'ouverture vers l'extérieur et d'énergie culminante avant la phase d'expulsion.

Jadis, lorsque nous vivions sans électricité, sans technologie ni voyages longue distance, les cycles féminins étaient beaucoup plus synchronisés sur les phases lunaires et évoluaient probablement de façon parallèle. En estonien, avoir ses règles se dit *kuupuhastus*, ce qui signifie littéralement « nettoyage de lune ». Dans la culture amérindienne, aujourd'hui encore, on dit « avoir ses lunes ».

Dans mon travail auprès des femmes, j'ai remarqué que la majorité d'entre elles pense qu'il est préférable d'avoir ses règles pendant la période d'introspection du cycle lunaire, autrement dit la nouvelle lune. En réalité, les saignements pendant la pleine lune, également appelés « cycles de Lune rouge » sont traditionnellement associés aux guérisseuses, aux gardiennes de la sagesse et à la sage-femme archétypale. Pendant leurs « lunes », les femmes seraient plus sensibles et donc plus réceptives aux énergies lunaires et à la sagesse cosmique.

En « période de lunes », les femmes sont au sommet de leur puissance et vivent une purification naturelle inhérente au processus de régénération. Dans la culture amérindienne, le pouvoir d'une femme pendant ses règles est tel qu'il pourrait interférer avec les cérémonies sacrées. Dans cet état sensible et intuitif, les femmes qui ont « leurs lunes » seraient de fait dans un état cérémoniel. Je ne sous-entends absolument pas que les femmes devraient être écartées des événements et cérémonies pendant leurs « lunes », mais j'ai remarqué chez moi un besoin naturel de me recentrer sur moi-même et de créer mes propres rituels durant cette période.

Les femmes sous pilule contraceptive ou ménopausées, ou qui n'ont pas de cycle naturel pour toute autre raison, peuvent tout à fait utiliser la Lune comme une carte. Au lieu de surveiller votre cycle, vous pouvez observer les fluctuations de la Lune. L'obscurité de la nouvelle lune déploie une énergie similaire aux « lunes », ou règles : nous ressentons naturellement un besoin d'introversion et de repos. La pleine lune symbolise l'ovulation, une période d'action et d'expansion, tournée vers l'extérieur, pendant laquelle nous nous dévoilons entièrement au monde.

Moon lodges ou tentes rouges

Dans de nombreuses traditions et cultures, les femmes qui ont leurs règles étaient considérées comme sacrées. On disait que celles dont le sang coule ont un accès direct à la sagesse universelle, ce qui constituait un don inestimable pour la longévité de leur tribu.

Pour que les femmes aient le temps et l'espace nécessaires pour se reposer, se régénérer et se connecter aux guides et aux esprits – et entre elles –, elles partaient s'isoler dans des *Moon lodges*, ou tentes rouges, pendant leurs « lunes ».

La tente rouge est un lieu paisible où les femmes peuvent se connecter à leur flux, à leur corps et à leur sagesse, assises en position de méditation, en silence ou en partageant calmement des histoires avec les autres femmes. Elles habitent littéralement leur corps et vénèrent son pouvoir fertile.

Loin de l'effervescence du village et du labeur quotidien, les femmes instaurent un dialogue d'un autre ordre avec la Terre-Mère. Dans la tente rouge, elles peuvent voir leur sang nutritif se déverser dans la Terre et le lui offrir tout en laissant se détacher et s'échapper d'elles tout ce qui ne leur est plus bénéfique, physiquement et énergétiquement.

L'ARMOISE

L'armoise, ou *Artemisia vulgaris*, est associée à la déesse lunaire Artémis, la chasseresse. C'est également la plante totem de Grand-Mère Lune, liée à la pleine lune et au solstice d'été. Bien que ce soit une plante rituelle sacrée, vous pouvez la trouver presque n'importe où, même en ville, et elle est considérée comme une mauvaise herbe ! Même enterrée sous du béton, elle possède cette force de résilience et cette persévérance qui lui permet de continuer à pousser. N'est-ce pas là l'essence du féminin ? L'armoise est excellente pour travailler sur le rêve, renforcer son pouvoir intuitif et agir sur l'inconscient. J'aime boire une tisane d'armoise le soir, avant d'aller me coucher, pour m'aider à m'endormir et intensifier mes rêves.

Comment préparer une tisane d'armoise :

1. Utiliser 1 à 2 cuillerées à café de feuilles d'armoise par tasse d'eau bouillante.
2. Laisser infuser 10 minutes.
3. Filtrer avant de boire.

Avertissement : ne consommez pas d'armoise si vous êtes enceinte ou si vous allaitez.

Grand-Mère Lune

Dans de nombreuses traditions amérindiennes, Grand-Mère Lune est un symbole de pouvoir féminin qui connecte les femmes aux cycles de la vie.
Elle est « celle-qui-tisse-les marées » de la Terre-Mère et celle qui tisse les cycles féminins. Telle une grand-mère bienveillante, elle nous aide à avancer dans la vie grâce à sa sagesse ancestrale, nous réconforte en son sein et nous permet d'exprimer nos émotions, de nous libérer et de nous régénérer.

Grand-Mère Lune est l'alliée du féminin divin : quelqu'un qui aime inconditionnellement notre nature fluctuante et nous encourage à affirmer notre vérité propre.

Votre anniversaire lunaire

Vous connaissez votre signe « solaire » qui célèbre chaque année le moment où le Soleil retourne à l'endroit où il se trouvait au moment de votre naissance. Mais vous en possédez un autre : votre anniversaire lunaire, qui marque la place de la Lune au moment de votre naissance.

La Lune représente le voyage de votre âme, la façon dont vous avancez, jour après jour. Quant au Soleil, il est votre but, votre destination, cette partie de vous-même qui vous permettra d'atteindre le point culminant de votre maturité. Par exemple, mon signe solaire est la Vierge, ce qui m'aide à comprendre mon objectif :

☽ Servir et guérir.
☽ Être autonome et forte, dans mon cœur et mon être.
☽ Apprendre à considérer la Terre-Mère comme une source d'énergie, de sagesse et de force.

Pour en savoir plus sur la façon dont je dois mener mon existence, je me laisse guider par mon signe lunaire Poissons.

☽ C'est le signe le plus sensible : il ressent tout et croit en l'amour et en la bonté universelle.
☽ C'est le rêveur et le mystique, qui a besoin de longues périodes de solitude pour exister et créer.
☽ C'est celui qui a besoin d'eau pour se purifier.

Plus je suis attentif à mon énergie Poissons dans ma vie quotidienne, plus je prends conscience de mes besoins et de mes difficultés, et plus vite je serai capable de maîtriser la force de la Vierge en tant que guérisseuse.

SI vous connaissez votre signe solaire, vous pouvez découvrir votre signe et votre phase de naissance lunaires grâce aux nombreux sites en ligne, en indiquant simplement la date, l'heure et le lieu de votre naissance (voir pages 156-157). Une fois que vous l'aurez identifié, consultez les caractéristiques de votre signe pages 46-47 et observez comment elles résonnent en vous.

bélier

taureau

gémeaux

cancer

lion

vierge

balance

scorpion

sagittaire

capricorne

verseau

poissons

Ce que votre signe lunaire dit de vous

Lune en Bélier : ce signe lunaire vous apporte courage et détermination. Vous n'êtes pas du genre à rester bloqué dans une situation inconfortable et vous changez facilement de direction pour suivre votre voie de la meilleure façon possible. Utilisez cet enthousiasme pour partager vos talents !

Lune en Taureau : vous avez besoin de stabilité et de sécurité pour vous sentir à votre place dans ce monde. Être relié à votre corps et vous sentir en sécurité dans votre espace sont des éléments essentiels à la manifestation optimale de votre être.

Lune en Gémeaux : vous aimez la communication et l'information, vous connecter à de nouvelles personnes et apprendre de nouvelles choses. Il y a tellement à voir et à explorer, utilisez votre curiosité pour créer la meilleure version de vous-même !

Lune en Cancer : ce signe est probablement le plus affecté par la Lune. Vous voulez nourrir et être nourri. Le foyer et la sécurité vous sont aussi essentiels que la connexion avec votre ascendance féminine. Écoutez vos émotions.

Lune en Lion : créez. Exprimez. Soyez qui vous voulez être. Ce signe lunaire vous nourrit d'un courage centré sur le cœur pour aimer et partager, mais seulement avec ceux qui s'en montrent dignes. Considérez-vous comme un être royal et exigez l'excellence.

Lune en Vierge : pratique et analytique, vous êtes doté d'une incroyable capacité à remarquer le moindre détail et fournissez toujours un travail impeccable, quel que soit votre domaine. Pas étonnant que tout le monde veuille embaucher une personne du signe de la Vierge ! Essayez d'équilibrer perfectionnisme et travail en passant plus de temps dans la nature.

Lune en Balance : vous avez besoin de beauté, d'harmonie et d'équilibre, à l'intérieur et autour de vous. Vous travaillez mieux en équipe, alors ne restez pas seul trop longtemps. Soyez attentif au choix de vos partenaires professionnels et amoureux, être en harmonie avec leur énergie vous aidera à prospérer.

Lune en Scorpion : c'est un signe mystique. Vos émotions, vos sentiments et votre sagesse s'écoulent comme une rivière souterraine, juste sous la surface. Vous allez probablement affronter des situations alchimiques cathartiques qui changeront le cours de votre existence et dont le but sera de vous connecter à votre vérité profonde.

Lune en Sagittaire : avec votre état d'esprit joyeux et optimiste, vous avez besoin d'apprendre et de voyager pour atteindre les étoiles. Ouvrez votre esprit et explorez toutes les possibilités.

Lune en Capricorne : ce signe lunaire ajoute une dimension structurée, sérieuse et productive à votre existence. Vous devez emprunter un chemin pragmatique, avec des étapes réalisables, pour atteindre vos objectifs. Continuez ainsi !

Lune en Verseau : ce signe apporte à votre voyage une dimension innovante et propice à l'expansion de l'esprit. Vous avez besoin de temps pour explorer, créer et collaborer, tout en repoussant les limites du possible. Vous êtes une véritable source d'inspiration !

Lune en Poissons : vous êtes plus sensible et empathique que la plupart des gens, soyez-en fier ! Vous êtes ici pour aimer et croire en la beauté de l'humanité ; le monde a besoin de vous.

Ce que votre phase de naissance lunaire dit de vous

Outre la description de chaque signe lunaire ci-dessus, vous pouvez remarquer certaines familiarités avec le signe de votre Lune natale.

Naissance pendant ou aux alentours de la nouvelle lune : comme le signe lunaire du Bélier, vous excellez dans l'art d'initier la nouveauté grâce à votre enthousiasme et à votre courage. La vie tourne autour de vous, vous êtes ici pour briller. N'en oubliez pas les autres.

Naissance pendant ou aux alentours du premier quartier de lune : comme le signe lunaire du Verseau, vous faites sans doute preuve de talent dans la mise en place de nouvelles structures et de cadres de travail. Les projets et les idées innovants vous inspirent. Vous êtes comme une passerelle entre le subjectif et le collectif.

Naissance pendant ou aux alentours de la pleine lune : vous vous épanouissez en travaillant au sein d'une équipe et vous atteignez vos objectifs en connectant passé, présent et futur, et en incarnant une passerelle entre les disciplines, les idées et les personnes. Vous êtes ici pour transformer les projets en une réalité. Cette phase se rapproche de l'énergie du signe lunaire de la Balance.

Naissance pendant ou aux alentours du dernier quartier de lune : si vous êtes né pendant cette phase, votre mission est d'analyser, de trier et de relayer l'information. Comme un journaliste qui enquête en profondeur sur un sujet pour la compréhension et l'évolution de chacun. Vous êtes capable de voir l'image dans son ensemble et savez la manipuler afin que les autres puissent en bénéficier.

Deuxième partie

Votre relation avec la Lune

À la découverte de la vie cyclique

Dans cette partie, nous allons observer les différents aspects de la trajectoire lunaire et utiliser notre connaissance de ses différentes phases pour construire votre journal lunaire.

Apprendre à observer l'évolution de la Lune

Bien qu'il soit possible de suivre les phases lunaires à l'œil nu, il est beaucoup moins facile d'établir dans quel signe se trouve la Lune à un instant donné.

C'est le moment de faire appel à notre cher ami Internet ! Il existe de nombreux sites pour connaître en temps réel la position de la Lune et sa relation avec les constellations et les signes du zodiaque, c'est-à-dire la phase ou le signe que la Lune traverse à un moment spécifique. J'ai intégré une liste de ces sites dans la section Liens utiles pages 156-157.

Cartographier l'évolution de la Lune dans le ciel et les constellations nous apporte les informations nécessaires pour comprendre l'énergie de chaque journée, le temps divin qui nous est offert par le cosmos.

Ce savoir me permet, par exemple, de planifier un moment d'isolement quand la Lune entre en Poissons (mon signe lunaire), de réserver un massage quand la Lune se trouve en Taureau, d'organiser un débat d'idées avec mon équipe lorsqu'elle est en Verseau ou encore une séance de guérison quand elle est alignée avec le Scorpion.

Vous trouverez la description détaillée des énergies et des caractéristiques de chaque signe dans la troisième partie, mais vous pouvez également découvrir beaucoup de choses en partant de vos propres observations. Commencez par être attentif à votre ressenti quand vous vous levez le matin, à ce que vous pensez capable d'accomplir ; demandez-vous si vous vous sentez d'humeur sociale ou si vous avez au contraire envie de rester caché sous la couette, prêtez attention à votre énergie physique, aux désirs et aux émotions qui vous traversent, etc. Ainsi, vous pourrez peu à peu toucher du doigt les fluctuations de votre existence et le pouvoir de la Lune en fonction de votre expérience unique, et pas seulement pendant que vous lisez ce livre.

Les phases lunaires

Il existe huit grandes phases lunaires observables à l'œil nu :

1 **La nouvelle lune**
2 La lune croissante
3 Le premier quartier de lune ou demi-lune
4 La lune gibbeuse croissante (gibbeuse signifie « convexe », « bombée » ou « se déployant vers l'extérieur » : la Lune est davantage qu'un demi-cercle, mais moins qu'un cercle).
5 **La pleine lune**
6 La lune gibbeuse décroissante
7 Le dernier quartier de lune ou demi-lune
8 La lune décroissante

Dans cette partie, je décris les implications physiques et énergétiques des cinq phases que j'ai personnellement observées.

1 **La nouvelle lune** est le moment de la créativité paisible (voir page 56).
2 **Le premier quartier de lune** est la période idéale pour être actif (voir page 58).
3 **La pleine lune** est le point culminant de l'accomplissement, de la révélation et de l'illumination (voir page 61).
4 **Le dernier quartier de lune** est le moment de recueillir les réactions et de lâcher prise (voir page 64).
5 **La lune noire** n'est pas vraiment une phase « visible » et marque la période qui précède la nouvelle lune. Elle est énergétiquement importante : c'est un moment de repos et de lâcher-prise (voir page 66).

Les phases d'éclipses :

L'éclipse solaire (voir page 68).
L'éclipse lunaire (voir page 70).

Nous sommes nés
dans un monde régi
par des cycles naturels.
C'est le moment
de prendre conscience
de leurs pouvoirs.

1. La nouvelle lune : créativité paisible

Après plusieurs nuits d'obscurité, nous apercevons enfin un mince rayon argenté. La nouvelle lune apparaît. Enfant, j'y voyais toujours la lettre « J », et ma grand-mère me disait que ce « J » était celui de *juurde* (« ajouter », en estonien). La Lune entame sa progression ou croissance. On la voit prendre un peu plus d'ampleur chaque nuit, jusqu'à la pleine lune.

La nouvelle lune ressemble à un début de mois. Nous nous éveillons, nous évacuons les débris du passé, prenons une profonde inspiration et repartons à zéro. Imaginez que vous faites votre comptabilité mensuelle. Vous avez payé vos impôts, fait le point sur vos revenus et vos dépenses à la fin du mois précédent, vous avez payé tout ce que vous deviez. Vous pouvez maintenant vous organiser et rêver l'avenir.

C'est une période de calme et de repli sur soi. Comme au printemps, nous nous éveillons en douceur après un long sommeil hivernal. Nous humons l'air, à l'affût du parfum des feuilles et des bourgeons naissants. Nous nous débarrassons de l'obscurité de l'hiver et des ombres de la nuit. Profitez de ce moment pour nourrir votre créativité et vos idées. Plantez vos graines, notez vos intentions sur le papier. Amusez-vous. Imaginez. Avancez en douceur.

Tout comme vous prenez le temps de vous réveiller le matin, de boire une tasse de thé au lit, de faire quelques étirements ou des exercices de respiration... la nouvelle lune accueille une aube nouvelle.

C'est un bon moment pour penser en termes de stratégie, visualiser vos projets et laisser les réponses se former et émerger du silence et de la nature. Dessinez des *mind maps* (cartographies mentales), écrivez dans votre journal, soyez créative, jouez avec les idées et les opportunités. Réécrivez votre histoire. Reconnectez-vous à votre objectif d'une nouvelle façon.

C'est aussi le moment idéal pour échanger avec les autres ; soyez attentif aux énergies que vous extériorisez et refrénez autant que possible votre soif de pouvoir. Ce n'est probablement pas le moment de soumettre vos idées à la critique de personnes qui n'auraient pas suivi le même chemin que vous. Comme si vous protégiez vos bourgeons tout juste sortis de terre d'un indélicat qui pourrait les piétiner sans scrupule et tuer les fleurs magnifiques potentielles.

2. Le premier quartier de lune : activité

Le premier quartier de lune est le demi-cercle qui apparaît à mi-chemin entre la nouvelle et la pleine lune, une semaine environ après les premiers éclats d'argent entrevus dans l'obscurité. Notre énergie commence à se déployer.

Si l'on devait couper la Lune en deux moitiés – l'une pour l'introspection et la méditation, et l'autre pour l'extériorisation, l'action et les interactions sociales – le premier quartier de lune serait la charnière entre les deux. C'est le moment stratégique où l'énergie passe de l'intérieur vers l'extérieur.

On dit que les quartiers de lune (le premier et le dernier quartier, qui durent environ une semaine avant la pleine lune et une semaine après) peuvent être des périodes éprouvantes. On peut se sentir sous pression pendant le premier quartier. L'énergie cosmique pousse à extérioriser les rêves que nous avons patiemment dorlotés. Comme un poussin qui brise la coquille de son œuf, prêt à rejoindre les autres poussins et à courir le vaste monde. Ou comme une chenille qui émerge de son cocon sous la forme d'un papillon. C'est le temps de la socialisation et de l'extériorisation.

Mobilisez les intentions que vous avez fait germer la semaine précédente et passez à l'action : contactez vos partenaires, vos clients ou vos collaborateurs potentiels, achetez un nom de domaine et commencez à créer votre site web, sollicitez un crédit. Faites une simulation d'entreprise, un prélancement. Tout ce qui pourra vous aider à construire vos projets et à vous développer, en accord avec la lune croissante.

3. La pleine lune : réalisation, révélation, illumination

La pleine lune est magique. Inutile d'être dans une quelconque quête spirituelle ou religieuse pour ressentir sa puissance. Face à elle, nous réalisons l'ampleur de tout ce qui nous est inconnu et l'insignifiance de notre planète dans l'immensité de l'Univers.

Si vous vivez à la campagne ou dans la forêt, loin de toute pollution lumineuse, vous pouvez profiter d'une expérience digne d'une époque révolue, où les phases lunaires jouaient un rôle considérable dans la vie des humains et de leurs communautés, en guidant leurs activités quotidiennes. Essayez d'aller vous promener dans la forêt un soir de lune noire : vous allez trébucher sur chaque souche d'arbre. Au contraire, la pleine lune illuminera les sentiers devant vos pas et elle en fera apparaître de nouveaux que vous n'auriez probablement pas remarqués à la lumière du jour.

C'est exactement la mission de la pleine lune, mettre en lumière TOUS les chemins possibles. Physiquement, mais aussi métaphoriquement.

Le Soleil illumine la Lune pour qu'elle nous inonde de sa plénitude, symbolisant le moment où nous devrions nous aussi laisser notre lumière briller généreusement.

La Lune est comme une immense batterie céleste qui permet de recharger son énergie au maximum, parfois jusqu'au débordement. Cela explique que nous ayons du mal à dormir pendant la pleine lune et que nos émotions puissent nous submerger. Avez-vous déjà remarqué la foule dans les rues, les restaurants et les salles de yoga lorsqu'arrive la pleine lune ? Les services de police et les infirmières ont constaté que les crimes, les accidents de la route, les actes de vandalisme et les appels passés aux urgences sont plus nombreux ces nuits-là. Les équipes soignantes des hôpitaux psychiatriques observent également davantage d'agitation chez certains patients.

Vous avez une décision à prendre ? Un problème à résoudre ? C'est le moment de poser les choses et de recevoir littéralement les réponses envoyées par la Lune. C'est le point de jonction qui nous apporte la clairvoyance et nous encourage à faire un choix.

Il y a plusieurs milliers d'années, la science, l'astrologie et la spiritualité ont pris des chemins différents. Pour beaucoup d'entre nous, elles ne peuvent pas coexister. Selon moi, nous devons penser par nous-mêmes et toujours suivre notre instinct, que ce soit pour une étude quantitative ou notre état physique et énergétique. La pleine lune intensifie les sensations, les émotions et les situations pour nous faire prendre conscience de ce qu'il nous faut abandonner ou transformer. Elle nous fait entrevoir les conséquences de nos décisions et les étapes qui nous permettront d'avancer. Elle nous aide à discerner ce qui est aligné de ce qui ne l'est pas, à changer de perspective et à rediriger notre énergie. La pleine lune est « le point culminant d'un processus », l'apogée extérieur de notre voyage intérieur.

La plénitude de la lune décuple notre énergie et nos aptitudes sociales. Si vous devez préparer une présentation au travail ou bien organiser une réception ou tout autre événement, c'est peut-être le bon moment. Tout ce qui requiert la réaction d'un public, comme le lancement d'un blog, devrait être planifié pendant ou autour de la pleine lune.

Il est possible que de nombreuses informations révélatrices et significatives vous parviennent durant ces quelques jours. Comment faire pour naviguer paisiblement sur ces incroyables eaux lunaires ?

C'est à nous de trouver l'équilibre. Quand l'énergie nous propulse vers les sommets, nous devons être fermement enracinés. Si vous vous sentez accablé par l'énergie de la pleine lune, je vous recommande d'éviter tout stimulant pendant quelques jours (alcool, caféine ou sucre, temps passé devant les écrans, musique trop forte, etc.) pour permettre à votre système nerveux de s'apaiser et de mieux gérer cette transition lunaire.

Notre corps et notre niveau d'énergie sont souvent stimulés de manière excessive. Si vous ne faites pas attention, vous pouvez perdre pied et vous ne serez plus capable de recevoir cet incroyable pouvoir de guérison et de purification. Pour accueillir les bienfaits de la pleine lune, il faut ralentir, même si nous éprouvons l'envie de foncer tête baissée. Si nous restons ancrés et canalisons cette énergie (parfois bouillonnante) pour la transformer en mouvement, en création, en une forme d'expression saine et en connexion profonde, alors, nous ressortirons gagnants.

La pleine lune est comme une détonation bruyante qui vient nous tirer du sommeil pour nous obliger à affronter tout ce qui est caché ou invisible, en faisant remonter à la surface des émotions, des difficultés ou des opportunités. Conflits, révoltes, débordements d'émotions, larmes, épuisement physique et mental, confusion... C'est bien connu, il faut les affronter pour pouvoir les apaiser.

Les êtres humains ne sont pas les seuls à être affectés par la pleine lune. Son rayonnement déclenche la saison de reproduction de la Grande Barrière de Corail, en Australie. Par ailleurs, Frank Brown, expert en comportement animalier, a découvert que, pendant la pleine lune, les hamsters courent dans leur roue de façon plus agressive. Une étude dévoile également une corrélation entre l'augmentation des blessures chez les chats et les chiens lorsque la lune est pleine car ils peuvent être plus agités et irritables. Avez-vous constaté un changement de comportement chez votre animal de compagnie ? Cela peut vous sembler étrange, mais tenir un journal lunaire pour votre compagnon est un bon moyen d'observer la façon dont les fluctuations des énergies cosmiques affectent votre boule de poils (retrouvez le journal lunaire page 72).

Dans les croyances grecques et romaines, la Lune, en particulier lorsqu'elle est pleine, a le pouvoir de changer le niveau d'humidité du cerveau, ce qui génère des états de conscience altérée. On pensait également que les différentes phases lunaires modifiaient la composition des fluides corporels comme le sang, la glaire et la bile.

4. Le dernier quartier de lune : recueil des réactions

L'étape suivante est le dernier quartier de lune : la marée se retire. L'inconfort que peut engendrer cette phase, ou toute autre période où nous sommes contraints de « ralentir », confirme que l'économie actuelle, fondée sur une croissance effrénée, est en dissonance avec le monde naturel et la respiration cosmique : nous vivons dans un système qui prône une croissance perpétuelle, où la production à l'excès est signe de succès et où le progrès se mesure à grand renfort de chiffres et de capitaux.

À l'état naturel, nous ne sommes censés être « actifs » et « croissants » que la moitié du temps. En observant les saisons, les cycles de la nuit et du jour (sommeil et action) et de la respiration (inspiration et expiration), nous prenons conscience que le monde n'est pas qu'une longue journée d'été (une longue inspiration). Si c'était le cas, la vie sur Terre ne durerait pas bien longtemps. Il est essentiel de respecter et de reconnaître l'importance de la lenteur et de l'introspection, de se déconnecter de l'afflux constant d'informations qui nous entourent et de retrouver son chemin avec plus de clairvoyance et de discernement.

La phase décroissante de la lune est l'occasion d'identifier les distractions et les déperditions énergétiques. À quoi ressemblerait une vie qui vous permettrait d'exprimer votre créativité, avec les moyens financiers adéquats, l'espace dont vous avez besoin et les personnes qui vous encouragent dans votre essor ?

Tout travail analytique est le bienvenu. C'est comme si vous aviez devant vous une montagne de fruits tout juste récoltés et qu'on vous demande de faire le tri entre ceux qui sont bons à manger (régalez-vous), ceux qui doivent être jetés au compost, ceux qui ont juste besoin d'être un peu nettoyés et ceux qui seront transformés (en confiture ?) ou donnés à quelqu'un d'autre qui saura les apprécier (au lapin ?).

Observez vos chiffres, vos données et votre ressenti. Distinguez ce qui fonctionne de ce qui vous encombre. Soyez intransigeant. Notre niveau de tolérance est au plus bas : aucun détail ne nous échappe et nous sommes prêts à abandonner tout ce qui est néfaste ou discordant.

C'est le moment de faire place nette. Occupez-vous de tout ce que vous souhaitez éloigner ou éliminer de votre vie. Votre corps aussi a besoin de repos : prenez-en soin en pratiquant le jeûne intermittent ou en privilégiant des aliments plus légers. Soyez indulgent avec vous-même lorsque vous portez votre attention vers l'intérieur. Nettoyez votre bureau, vos tiroirs, votre maison et venez à bout de cette liste de tâches qui vous encombre l'esprit et bloque votre flux énergétique.

5. La lune noire : lâcher-prise

Lorsque la Lune ne reflète plus de lumière solaire, nous arrivons en lune noire. Vous pouvez vous laisser flotter dans l'inconnu et profiter du vide. Personnellement, je m'octroie trois journées de vacances avant la nouvelle lune. Cette petite pause mensuelle que nous offre la Lune n'est-elle pas bienvenue ? Acceptez-la et profitez des bienfaits de ce moment de répit. C'est l'hiver profond du mois lunaire.

Soyez conscient. Gardez votre calme et écoutez les précieux conseils et l'inspiration que vous adresse votre inconscient. Désintoxiquez votre espace et votre corps de ce qui n'est plus bon pour vous. Plus vous ferez de place pendant cette période, plus vous serez disponible pour accueillir le prochain cycle.

N'ayez pas peur de ralentir et de profiter, tout simplement : être présent, guérir et recevoir. Beaucoup d'entre nous ont une peur viscérale de sauter en marche du train de la « suractivité », qui n'a cessé d'accélérer au cours des derniers siècles. Nous craignons la « mort » de notre ego si nous levons le pied. Rassurez-vous, la course du monde ne va pas s'arrêter. Vous, en revanche, allez entrer dans votre véritable existence.

Nous sommes tous dotés de la capacité à rester calmes au milieu du chaos, de la multitude de tâches à accomplir, des listes de choses à faire et des responsabilités. Apprenez à vous en servir.

Pour moi, la lune noire est un moment de détoxification, de nettoyage physique et émotionnel, et de notre environnement. Comme si on préparait le terrain en vue de l'acte suivant. Je mange moins quand la Lune est en décroissance et je privilégie les aliments frais, sains et simples. Notre corps est dans une phase de lâcher-prise et nous pouvons l'aider. Planifiez des moments de repos et de récupération pendant la lune noire et la nouvelle lune. Un sommeil de qualité est essentiel à ce moment-là.

Les éclipses solaires : réinitialisation

L'éclipse est une renaissance. Le rayonnement solaire est temporairement bloqué, créant une sorte de vide ou de chaos cosmique dans lequel tout devient possible. C'est une nouvelle donne.

Les éclipses solaires se produisent plusieurs fois par an, lorsque le Soleil, la Lune et la Terre sont alignés. Elles sont totales quand l'ombre de la lune masque entièrement le Soleil. Seul un halo reste visible : l'aura plasmatique qui entoure le Soleil, ou couronne solaire. On l'observe facilement pendant une éclipse.

L'effet des éclipses solaires sur le comportement des animaux a été beaucoup étudié : il apparaît que les espèces actives pendant la journée rentrent alors à l'abri ou s'attellent à leurs activités noctambules, tandis que les espèces nocturnes pensent avoir dormi trop longtemps. Certaines espèces d'araignées commencent à détruire leur toile pendant une éclipse, chose qu'elles font habituellement en fin de journée. À la fin de l'éclipse, elles tissent une nouvelle toile. Les animaux sont perturbés par ce bouleversement du cycle habituel jour-nuit.

L'humain fait partie du monde animal. Nous vivons et respirons en rythme avec les forces cosmiques présentes en nous et autour de nous. Il est donc naturel que de tels phénomènes nous influencent. Beaucoup de mythes et de légendes expliquent les éclipses, mais la thématique sous-jacente la plus répandue reste celle d'une vaste « réinitialisation », accompagnée d'un changement de vibrations et de séquences des énergies terrestres.

En y réfléchissant, pendant une éclipse solaire, la Lune, la façon dont nous agissons, le processus qui nous mène vers notre objectif, s'aligne avec le Soleil, notre objectif, et l'obscurcit, ouvrant ainsi le champ des possibles pour réécrire notre histoire et redéfinir le véritable sens de notre existence sur Terre.

Les éclipses m'évoquent un film de David Lynch : nous nous retrouvons propulsés dans une réalité différente, où les sensations et les émotions sont accrues, où les couleurs, les sons et l'espace prennent une teinte vibratoire mystique, comme dans un rêve. Tout semble devenir plus intense. Nous sommes arrachés à notre réalité quotidienne. Notre esprit et nos énergies sont ébranlés comme pendant une tornade cosmique dont nous émergeons quelque peu secoués, mais forts d'un regard nouveau sur notre passé, nos croyances et notre mission. L'éclipse nous donne l'opportunité de rebâtir notre existence avec de nouvelles briques.

Pour les chamanes amérindiens, l'éclipse solaire est une incroyable période de guérison. Alors que le Soleil, la Lune et la Terre s'alignent, l'éclipse reconfigure notre raison d'être sur le plan individuel, abroge les différences et nous aligne au niveau collectif. Nous ne formons plus qu'Un.

L'éclipse solaire se produit à la nouvelle lune : elle marque l'arrivée d'un nouveau cycle sous une forme amplifiée, voire survoltée. Nous pouvons nous sentir fatigués et léthargiques. Cela signifie habituellement que les énergies universelles nous invitent à garder notre calme, à demeurer dans un état de rêve. Alors, la magie peut opérer. La graine peut être semée.

Les éclipses lunaires : lâcher-prise ultime

Les éclipses arrivent toujours par groupes de deux ou trois, c'est ce qu'on appelle une saison d'éclipses. Elles peuvent déclencher des situations qui accélèrent notre expansion. De nouvelles opportunités ou de nouveaux obstacles peuvent surgir sur notre route. Nous pouvons également être confrontés à nos vieux schémas comportementaux.

Pour qu'une éclipse lunaire se produise, Soleil, Lune et Terre doivent se trouver dans le même alignement. La Lune traverse la partie la plus obscure de l'ombre terrestre et prend une teinte rougeâtre (voir page 38). La Terre se retrouve prise « en sandwich » entre le Soleil et la Lune, laissant cette dernière dans l'ombre. Il existe aussi des éclipses lunaires partielles, ou éclipses pénombrales, lors desquelles la Lune ne traverse que la zone de pénombre de la Terre.

L'alignement de l'éclipse lunaire est légèrement différent de celui de l'éclipse solaire et il se produit pendant la pleine lune. La Terre, en passant entre le Soleil et la Lune, interrompt le flux énergétique entre ces deux corps célestes.
Nous pouvons interpréter ce phénomène comme l'opportunité de sortir d'un cycle et de redistribuer les cartes de notre existence. Nous sentons les portes de notre inconscient s'ouvrir. C'est le moment d'y entrer et de faire le ménage. Ou encore, nous avons la sensation que quelqu'un plonge dans les eaux de notre subconscient, en quête des émotions et des blocages profondément enfouis dans notre psyché, pour les faire émerger et les libérer sous cette lumière de guérison.

Les traumatismes de l'enfance et les blessures ancestrales et familiales peuvent facilement refaire surface durant une éclipse. Soyez indulgent envers vous-même et restez connecté à votre corps et à la Terre-Mère. Maintenez votre ancrage grâce à la respiration et le mouvement. Prenez cinq inspirations et expirations, profondes et en pleine conscience. Ou dansez librement sur la musique de votre choix. Secouer son corps est également un bon moyen d'évacuer les tensions et de revenir à l'instant présent. Demandez de l'aide et du soutien, auprès d'un thérapeute, d'un maître reiki, d'un énergéticien ou même d'un ami à qui vous faites pleinement confiance. Nous ne sommes pas conçus pour évoluer seuls.

Pour moi, l'éclipse solaire affecte avant tout l'« extérieur » ; elle active le besoin de concentration sur le futur. Quant à l'éclipse lunaire, elle agit sur la guérison de notre passé grâce à une vibration plus « intérieure ». Les éclipses nous mettent en phase avec notre chemin cosmique, le sens de l'existence et la respiration universelle.

Votre journal lunaire

Vous savez maintenant identifier les différentes phases de la Lune. C'est le moment de commencer votre journal lunaire, qui évoluera avec le temps et deviendra votre nouveau calendrier.

Concentrez-vous d'abord sur les phases. Vous pourrez ensuite ajouter les signes, que nous aborderons dans la troisième partie, avec des rituels et exercices spécifiques que vous aurez peut-être envie de pratiquer quand la pleine lune ou la nouvelle lune entreront dans un signe particulier.

Il n'y a pas de bonne façon de tenir un journal lunaire. C'est à vous de découvrir ce qui vous convient le mieux : sur votre téléphone ou sur votre ordinateur, en écrivant ou en dessinant dans un carnet, ou sur un mémo vocal, enregistré sur votre portable. Personnellement, j'utilise un agenda ou un cahier aux pages blanches.

Étape 1 : l'observation

Commencez par une observation de vous-même afin d'apprendre à analyser VOTRE flux énergétique. Avant tout, faites-vous confiance. Votre journal lunaire n'a rien à voir avec l'horoscope d'un magazine. Il s'agit d'un guide destiné à favoriser une prise de conscience en profondeur. Un processus qui vous aidera à être en accord avec la spirale cyclique de la vie.

Écrivez quelques mots ou quelques phrases chaque matin et chaque soir. Notez vos observations et vos sensations des dernières 24 heures, comment vous êtes-vous senti ? Comment avez-vous interagi avec les autres ? Avez-vous éprouvé le besoin d'être seul ou étiez-vous, au contraire, en demande d'interactions sociales ? Vous êtes-vous senti créatif ou analytique ? Motivé ou coincé ? Comment se présentaient votre énergie physique et votre confiance en vous ? Écrivez tout ce qui vous vient à l'esprit.

Si vous avez déjà tenté de tenir un journal, mais que vous manquez d'assiduité, contentez-vous d'écrire une seule phrase

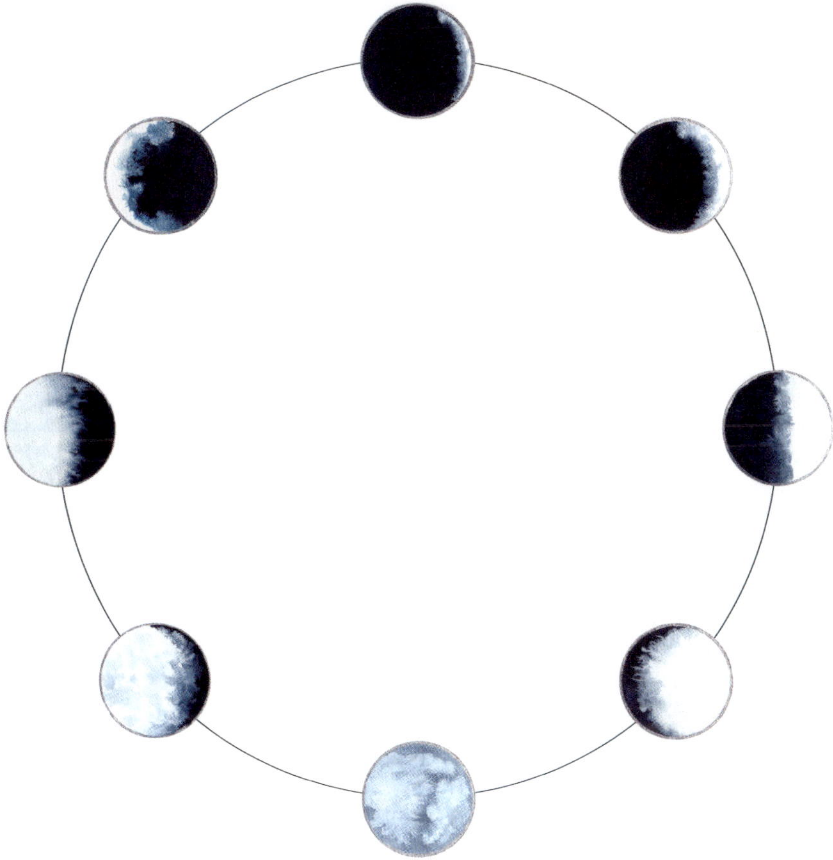

pour commencer. Il sera difficile de trouver des excuses pour ne pas vous tenir à ces quelques mots quotidiens.

Vous venez de poser sur le papier ce qui vous venait à l'esprit, vous avez déjà approfondi votre conscience de vous-même. Concentrez-vous maintenant sur les énergies cosmiques. Notez la position de la Lune : nouvelle lune, lune croissante, pleine lune ou lune décroissante (si besoin, consultez les Liens utiles pages 156-157). À la nouvelle lune, écrivez « Jour 1 » sur votre journal. La Lune commence à croître pour atteindre le premier quartier (demi-lune) environ une semaine après ; la pleine lune surviendra encore une semaine plus tard, en Jour 14 (l'apogée de sa progression), avant de commencer à décroître jusqu'à l'obscurité, qui sera suivie d'un nouveau cycle.

L'étape suivante consiste à noter dans quel signe lunaire se trouve la Lune, ainsi que sa phase (vous trouverez dans la troisième partie les caractéristiques énergétiques de la Lune en fonction de sa position dans chacun des douze signes). Soyez particulièrement attentif lorsque la Lune arrive dans votre signe lunaire. Par exemple, mon signe lunaire est Poissons. Quand la lune entre en Poissons, je suis plus à fleur de peau que d'habitude. Si je m'autorise à prendre le temps dont j'ai besoin pour créer, je me sens stimulée (la lune en Poissons a toujours été le meilleur moment quand j'écrivais ce livre).

Tenir votre journal lunaire vous aidera à structurer votre emploi du temps en fonction de vos propres fluctuations. Au fil du temps, vous pourrez apprendre à optimiser votre quotidien et la planification de vos diverses obligations.

Étape 2 : planifier

Maintenant que vous avez compris le principe, réfléchissez à vos projets et à vos activités en tenant compte de la Lune. Vous pouvez visualiser les tâches que vous avez à faire et choisir le moment adéquat pour rendre un projet professionnel ou, au contraire, pour prévoir une semaine de vacances et d'activités dans la nature.

Vous avez une activité créatrice en cours ? Prévoyez de vous y plonger quand la lune sera en Lion, Verseau ou Poissons.

Des travaux de comptabilité en attente ? Choisissez le Capricorne ou la Vierge, deux signes de terre pragmatiques.

Envie d'une journée au spa ? Réservez-la quand la lune sera en maison d'eau, sous le signe du Cancer.

Étape 3 : les bienfaits du journal lunaire

Vous savez à quel moment vos qualités de créativité, d'assurance, de sociabilité ou d'analyse sont à leur summum. Vous accordez davantage de confiance à votre corps et à votre autorité intérieure qu'aux éléments extérieurs.

☽ En décidant de votre propre rythme, vous ne vivez plus en perpétuel état de stress.
☽ En ralentissant, avec davantage de repos et de plaisir, vous devenez finalement plus créatif, plus productif et plus performant.
☽ Vous vous respectez davantage (votre temps et votre énergie) et les autres vous respectent également (ainsi que votre travail).
☽ Vous savez exploiter au mieux les capacités de vos collègues et de votre équipe en comprenant les énergies disponibles.
☽ Vous cessez de vous sentir coupable de vos changements d'humeur et d'énergie physique et vous apprenez à suivre le courant.

À présent que vos relations à la Lune et à ses cycles vous sont plus familières, chérissez votre place dans la toile infinie de la conscience cosmique.

Êtes-vous prêt ?

Ouvrez votre journal (ou utilisez le modèle de la page suivante) et écrivez UNE phrase.

Journal lunaire

Aujourd'hui, je me sens ....

....

....

Phase ....

....

....

Signe ....

....

....

Aujourd'hui, je me sens ....

....

....

Phase ....

....

....

Signe ....

....

....

Journal lunaire

Aujourd'hui, je me sens ....

....

....

Phase ....

....

....

Signe ....

....

....

Aujourd'hui, je me sens ....

....

....

Phase ....

....

....

Signe ....

....

....

Troisième partie

Une cartographie lunaire

Un schéma pour vivre et créer en fonction des cycles

Il faut environ 29,5 jours à la Lune pour accomplir sa révolution. Nous avons donc soit une nouvelle lune, soit une pleine lune tous les 14 jours environ, et elle change de signe tous les 2 à 3 jours.

Les pages suivantes sont consacrées à l'étude individuelle des douze signes. Je propose, pour chacun d'entre eux, une description générale, des questions à vous poser, la meilleure façon de bénéficier de leurs énergies et les outils les plus efficaces pour aborder ces signes. Dans votre journal lunaire (voir page 72), vous pouvez consigner vos remarques concernant chaque phase et/ou chaque signe lunaire. Votre relation à la *Luna* est à la fois interactive, pratique et personnelle.

Masculin ou féminin ?

Je dois vous expliquer mon usage du féminin ou du masculin. Bien que ce livre ait été pensé pour chacun d'entre vous, quelle que soit votre façon de vous identifier au continuum du genre, j'y ai inclus des catégories pour préciser si la progression de la Lune est gouvernée par une énergie masculine, extravertie, active, orientée, généreuse, ou féminine, réceptive, nourrissante, fluide, créative. Il ne s'agit là que de caractéristiques qui s'entrecroisent en chacun de nous, quelle que soit notre identité de genre, comme le yin et le yang. De plus, je me réfère à la Lune en tant qu'entité féminine en raison de sa caractérisation féminine dans de nombreuses cultures, comme Grand-mère Lune, par exemple (voir page 43).

L'énergie lunaire

J'ai indiqué, pour chaque signe, l'élément, terre, air, feu ou eau, qui lui est associé et qui représente les énergies avec lesquelles nous devons composer. J'espère que ces catégories vous aideront à mieux décrypter les énergies disponibles.

TERRE
Stabilité, ancrage et pragmatisme.

AIR
Inspiration, communication et réflexion.

FEU
Passion, impulsivité et transformation.

EAU
Fluidité, purification, régénération et émotion.

La lune en Bélier

Premier signe du zodiaque, le Bélier s'assimile au jour de l'An. Il entre en grande pompe, auréolé d'un véritable feu d'artifice. Le Bélier est parfois considéré comme un « bébé » parmi les constellations. Régi par la planète Mars, la guerrière, il obtient ce qu'il veut, quand il veut, comme un enfant de quatre ans dans un magasin de jouets. Si les choses ne se passent pas comme il le souhaite, il fera sans doute un caprice. Conflits ? Discussions passionnées ? Éclats de colère, de rage ? C'est une facette de l'énergie Mars/Bélier.

Cette période enflamme tous ceux qui osent monter au créneau pour rompre avec les conventions et amorcer de grands changements. Faites preuve de courage. L'énergie du Bélier vous rend plus éloquent et persuasif. Oubliez l'archétype surprotecteur et devenez celui ou celle qui donne des ordres clairs et s'appuie sur cette énergie masculine pour passer à l'action. Prenez le pouvoir, ne vous contentez plus de lui obéir.

Levez-vous de bonne heure et saluez le soleil levant. Soyez libre et sauvage. Prenez conscience que tout est possible. Changez de stratégie, de travail ou de pays. Créez des partenariats ou quittez-les. Faites tout ce qui vous peut vous rapprocher de VOTRE vérité. Devenez cette reine ou ce roi, brave et intrépide (mais toujours charitable). Régnez sur votre royaume, qu'il soit personnel ou professionnel.

Cette énergie vous invite à prendre votre place dans ce monde. Inspirez, emplissez vos poumons d'air. VOUS êtes présent.

Invitation : quelques questions à se poser

- ☽ Souffrez-vous d'une faible estime de vous-même ?
- ☽ Avez-vous tendance à procrastiner ? Peut-être êtes-vous piégé dans une relation ou une situation, personnelle ou professionnelle, qui ne vous rend pas heureux ?
- ☽ Réprimez-vous vos émotions et vos sentiments, et ressentez-vous de la rancœur ?
- ☽ Restez-vous en retrait, paralysé par une peur inconsciente qui vous empêche d'avancer vers l'inconnu ?
- ☽ Si vous étiez sûr d'être en sécurité, que feriez-vous ?

L'énergie de la Lune : le feu masculin

Le Bélier est associé à l'énergie masculine. Il est le feu. Le guerrier. L'instigateur. Si votre âme bouillonne comme un volcan, vous vous reconnaîtrez dans cette description. Vous êtes les rebelles, les incendiaires, les précurseurs qui changent le monde.

Pourtant, vous devez apprendre à maîtriser cette énergie avec maturité et prudence pour ne pas vous consumer ou consumer les autres.

Comment utiliser cette énergie : la responsabilité personnelle

Si vous voulez tirer avantage de la lune en Bélier, commencez par explorer votre relation à la responsabilité personnelle. Vous êtes seul responsable de votre paysage intérieur, de vos croyances, de vos paroles et de vos actes. Vous êtes celui ou celle qui peut initier le changement. Le Bélier, ce « bébé » impétueux, peut déclencher des discussions enflammées, des désaccords et des conflits sitôt qu'il se sent attaqué, blessé, ou simplement insatisfait de son sort. Vous devez pourtant comprendre que votre façon d'aborder et de réagir à une situation ne tient qu'à vous et non aux circonstances extérieures.

Les outils

La respiration contrôlée est un outil intéressant pour libérer les blocages tels que la peur ou la colère refoulée et faciliter la transition vers la paix et le courage. Une session de 45 minutes d'exercices de respiration transformatrice (dynamique et rythmée) peut vous sembler intense. Pourtant, la respiration est un outil fantastique que vous pouvez utiliser partout : prenez cinq respirations profondes en inspirant par le nez et en expirant par la bouche. Vous gagnerez en sérénité.

Brûlez de l'encens ou des bâtons de fumigation : le Bélier est le feu, mais il est également lié à l'air. Pour réunir ces deux éléments, j'aime beaucoup brûler des plantes sacrées comme la sauge (*Salvia officinalis*) ou le palo santo (*Bursera graveolens*), qui purifient mon énergie et mon espace. Dans la journée, faites brûler de l'encens là où vous travaillez et observez les volutes de fumée pendant que vous réfléchissez aux questions que je vous propose page 83.

Le Palo Santo (« bois sacré »), originaire d'Amérique du Sud, était utilisé dans les civilisations disparues, par exemple chez les Incas. Il se trouve facilement sur Internet ou sur les marchés locaux. Mais c'est une plante en voie de disparition, il vaut mieux lui préférer une plante locale à faire brûler dans votre maison : sauge, romarin (*Salvia rosmarinus*), lavande (*Lavandula*).

La nouvelle lune en Bélier

Cette première Lune après l'équinoxe de printemps dans l'hémisphère nord (et après l'équinoxe d'automne dans l'hémisphère sud) marque le début d'un nouveau cycle ou le départ d'une nouvelle « année lunaire ». Beaucoup plus puissante qu'une simple déclaration d'intention, elle bouscule tout sur son passage en faisant des étincelles. Avec sa spontanéité, qui facilite le mouvement vers une naissance spirituelle, elle est prête à prendre une profonde inspiration annonciatrice d'un grand changement d'action et de décor. C'est la période idéale pour « brûler » son vieux soi dans les flammes purificatrices du Bélier et, sur le plan collectif, de « brûler » les croyances et les exigences archaïques. C'est un feu sauvage qui fait de la place aux jeunes pousses.

Rituel moderne : programmez une discussion

Vous connaissez cette sensation, quand quelque chose vous dérange et que vous sentez une sorte de nœud dans le cœur et/ou la gorge ? Un element a besoin d'être libéré et verbalisé. L'énergie de la nouvelle lune en Bélier vous apporte l'assurance nécessaire pour amorcer cette conversation. Elle peut avoir lieu avec un partenaire, un amoureux, un ami, un client, un collègue, ou n'importe qui d'autre, mais commencez avec quelqu'un de compréhensif qui ne manifestera pas d'agressivité (la lune en Bélier a tendance à amplifier les tempéraments). Le courage est un muscle qui a besoin d'être échauffé. Exercez-vous à être pleinement vous-même.

Pour une compréhension optimale, choisissez le moment opportun pour discuter, pas pendant un dîner ou une fête, ni très tôt ou très tard dans la journée. Première règle : ne portez aucun jugement, mais exprimez calmement votre ressenti face à la situation et ce dont vous avez besoin, puis, si vos attentes sont entendues, expliquez quels en seront les bénéfices, pour vous et pour les autres (en d'autres termes, pourquoi cela est important à vos yeux). Évitez cela pendant la pleine lune en Bélier, car vous risquez d'avoir du mal à garder votre calme.

La pleine lune en Bélier

Comme une boule d'énergie, cette pleine lune nous donne le pouvoir d'avancer à plein régime (ce qui peut causer quelques débordements), avec la détermination nécessaire pour changer le cours de notre vie. Par chance, elle nous indique l'endroit précis où doit se produire ce changement. Si vous avez des connaissances en astrologie ou si vous connaissez votre thème astral, vous pouvez vérifier quelle « maison » ou quel domaine de votre vie cette pleine lune illumine. C'est là que s'opère la transition.

Ceci dit, la pleine lune en Bélier n'est pas le bon moment pour des changements trop rapides et impulsifs. Elle peut être un peu brutale, vous pousser à agir trop vite. Souvenez-vous de la temporalité divine : vous devez écouter votre corps pour savoir si c'est réellement le bon moment pour opérer un changement radical. Certes, il peut être libérateur, mais, dans votre vie quotidienne, assurez-vous de ne pas jeter le bébé avec l'eau du bain.

Rituel moderne : profitez de la vue

Nous devons veiller à maintenir l'équilibre. Plus il y a de feu dans l'air, plus nous avons besoin de tranquillité et d'espace. Cela peut vous sembler paradoxal, mais apprendre à se détendre et à se reposer est essentiel pendant la pleine lune..

Voici un rituel parfait pour cette période : choisissez un toit, un parc sur les hauteurs ou le sommet d'une colline d'où vous avez la plus belle vue sur la ville ou le paysage. Appréciez l'immensité de ce monde. Profitez de cette nouvelle perspective et retrouvez la clarté dont vous avez tant besoin.

Trouvez en vous le courage

La lune en Taureau

Le Taureau est inébranlable. Il a besoin d'ancrer ses sabots fermement dans le sol. Cette période lunaire sollicite votre stabilité et votre indépendance. Soyez à l'écoute de votre corps, enracinez-vous dans la Terre-Mère et ne laissez plus votre existence se faire malmener à chaque coup de vent.

Le Taureau se concentre sur le plan physique, la matière, la capacité à apprécier les sensations et le plaisir qui se manifestent dans le corps, ainsi que l'exquise beauté d'un objet ou d'un lieu. Aimer faire l'amour, prendre du plaisir ou avoir de l'argent ne fait pas de nous des êtres pervers ou cupides. Il faut oublier toutes ces croyances et ces conditionnements archaïques. Notre pouvoir véritable émerge lorsque nous aimons et habitons chaque partie de notre corps et prenons conscience de son pouvoir et de sa beauté. Alors, nous nous laissons guider par le plaisir. Quand nous nous aimons nous-mêmes, quand nous laissons toute notre bienveillance jaillir, alors nous pouvons enfin aimer et accepter les autres.

Voilà pourquoi l'aspect négatif de l'énergie du Taureau est la colère : nous pouvons facilement tout détruire autour de nous. Nos blessures, nos peurs et notre passé douloureux peuvent se planter dans notre nuque comme la pointe acérée d'une banderille. Nous nous mettons alors à courir en tous sens dans l'arène, comme un taureau enragé, sans savoir dans quelle direction aller, incapables de gérer les émotions qui nous envahissent. Cette période nous rappelle que notre corps est un temple de pouvoir sauvage où se côtoient la beauté et la douleur, la force et l'intuition. Grâce à l'amour de soi, au plaisir et à la connexion à la Terre-Mère, nous passons de l'état de taureau furieux à celui de bœuf placide qui rumine l'herbe fraîche. Quand la lune voyage en Taureau, il est préférable d'éviter l'agitation. Laissez-vous porter par le besoin de ralentir. Contentez-vous d'exister avec la Terre. Le Taureau nous invite à habiter notre propre corps.

Invitation : quelques questions à se poser

- ☽ Éprouvez-vous souvent du plaisir ?
- ☽ Vous sentez-vous coupable de rechercher du plaisir ?
- ☽ Quels blocages énergétiques et points de tension ressentez-vous dans votre corps ?
- ☽ Sentez-vous une différence quand votre corps dit « oui » à certaines choses et « non » à d'autres ?
- ☽ De quoi votre corps a-t-il besoin ?

L'énergie lunaire : la Terre féminine

Le Taureau est gouverné par Vénus, la planète du féminin. La féminité est toujours l'entité qui accueille et crée, à travers le corps humain et la Terre. Cette énergie, dont nous sommes trop souvent déconnectés, possède une incroyable force de résilience. Il y a longtemps que le féminin et la Terre ont été privés de leur pouvoir. La lune en Taureau peut faire émerger de manière collective la tristesse, l'anxiété, la colère ou le chagrin, surtout si nous ne prenons pas le temps de ralentir et de nous connecter à la magie et à la beauté du moment.

Comment utiliser cette énergie : le plaisir terrestre

Être ancrés et en sécurité nous rend lumineux. Je vous propose d'explorer chaque mois l'énergie du Taureau et de vous en nourrir. Ressentez l'abondance de la nature qui vous entoure. Si nous poursuivons notre quête spirituelle vers des objectifs toujours plus élevés sans chercher de véritable équilibre dans la dimension physique, il devient difficile d'exprimer ses véritables désirs.

Manifestez de la joie et recherchez le plaisir (non seulement le bien-être éphémère, mais le véritable plaisir, à la fois physique, émotionnel ET spirituel), un repère, un phare guidera vos actes. Dans toutes les situations, face à un client ou à une décision, interrogez votre corps et écoutez sa réponse. S'il vous souffle un « oui » accompagné d'un véritable sentiment de plaisir, alors vous saurez quoi faire.

On nous a enseigné que le succès s'obtient à force de lutte et de souffrance. C'est un gigantesque mensonge que nous devons à tout prix rayer de notre esprit. Une fois que le plaisir sera devenu votre guide, que vous vous écouterez attentivement et que vous attendrez la même chose des autres, en refusant tout compromis, vous aurez ouvert la porte. L'abondance pourra affluer sans entrave (argent, opportunités, connexions, propositions d'emploi, nouveaux amis et amants).

Les outils

Le Taureau nous invite à explorer et à célébrer notre dimension physique, à nous reconnecter à notre corps, à celui des autres, aux plantes et à la Terre. Accordez-vous le temps de vous aligner sur la nature, par le biais que vous souhaitez, et accueillez son message et son intelligence.

Travailler sur le corps est particulièrement efficace pendant que la lune est en Taureau. Vous pouvez vous offrir un massage et essayer l'abhyanga, une technique de massage ayurvédique aux huiles chaudes. Pratiquez la marche lente dans la nature, les bains de forêt, dégustez une tasse de thé en silence ou participez à une cérémonie du thé. Toutes ces activités nous connectent à la Terre à un niveau plus profond et concret.

La nouvelle lune en Taureau

La nouvelle lune en Taureau possède une belle énergie d'ancrage, axée sur le pouvoir physique et sexuel. Être pleinement vivant, c'est intégrer le repos, le jeu et le plaisir à notre réalité quotidienne et non en faire une échappatoire honteuse. La nouvelle lune est une subtile invitation à profiter de ces outils pour relier notre corps à la nature et à notre présence sur Terre.

En développant une énergie sexuelle mieux maîtrisée et indépendante, vous pouvez transformer radicalement votre vie personnelle et professionnelle. Il ne s'agit pas de « faire l'amour ». En réalité, l'énergie dont il est ici question devrait être explorée dans la solitude, avec respect et tendresse. Je vous invite à plus de lenteur dans vos mouvements, à prendre pleinement conscience de l'endroit où vous êtes et à être bienveillant envers vous-même. Nous sommes nombreux à souffrir de profondes blessures liées à la sexualité. Si c'est votre cas, trouvez quelqu'un pour vous guider et vous aider à découvrir les outils qui vous mèneront au plaisir.

Rituel moderne : accueillez votre plaisir

Le plaisir authentique et bienfaisant est plus facile à trouver que vous l'imaginez. Vous pouvez le découvrir n'importe où, à n'importe quel moment. Pour commencer à vous familiariser avec l'infinité de plaisirs à votre disposition, essayez cet exercice : allongez-vous dans un endroit confortable où vous ne risquez pas d'être dérangé. Commencez par inspirer et expirer en profondeur pour détendre votre corps.

Maintenant, concentrez-vous sur votre peau. Vous pouvez la toucher, laisser glisser les doigts sur vos bras et vos jambes, sur votre cou ou votre ventre. Inspirez et imaginez que chaque cellule de votre peau est amoureuse de l'air qui l'entoure, ressentez ses picotements de joie. Expirez et détendez-vous. Continuez ainsi pendant quelques minutes. Avez-vous éprouvé une étincelle de plaisir en étant attentif aux sensations que vous procure votre peau ?

La pleine lune en Taureau

Ce céleste bovin est patient et pragmatique jusqu'au moment où le sol se dérobe sous ses pieds. Si vous ne vous autorisez pas à ralentir quand c'est nécessaire, à vous contenter d'exister et à recharger vos batteries quand l'épuisement vous guette, vous serez plus enclin aux accès de colère qui s'abattront sur vous comme une tempête. La pleine lune fait tout ressurgir, y compris les blessures mal soignées et camouflées sous un quelconque pansement.

Les signes et indices révélateurs seront nombreux et vous permettront de vous connecter physiquement à l'énergie de la pleine lune en Taureau. Écoutez votre intuition et la sagesse de votre corps pour amorcer un décrassage physique, énergétique et émotionnel en profondeur. Notre intuition nous indique par quel biais nous dilapidons sans cesse notre force et notre ancrage.

Rituel moderne : essayez le *shinrin-yoku* ou bain de forêt

Comment générer la stabilité et la force de résilience nécessaires pour affronter les tempêtes, intérieures et extérieures ? Le *shinrin-yoku* (le bain de forêt japonais) est un rituel idéal pour la pleine lune en Taureau. Cet exercice a le pouvoir de renforcer notre système immunitaire, de diminuer notre pression artérielle et d'améliorer notre sommeil.

Laissez votre téléphone ou votre appareil photo à la maison. Pendant ce bain de nature, votre seule mission est d'être dans l'instant présent et de profiter pleinement de cette expérience sensorielle : portez votre attention sur le chant des oiseaux, l'odeur de la mousse, la silhouette des arbres, la forme des feuilles et les jeux d'ombre et de lumière. Vous pouvez vous asseoir ou marcher en prenant conscience de chaque pas, sans but précis. Suivez votre intuition. Avancez avec la nonchalance du Taureau et profitez de ce moment.

D'après une étude britannique de 2018 menée par le King's College de Londres, le contact avec les arbres, le ciel et le chant des oiseaux améliore considérablement le bien-être des citadins. Les bénéfices se ressentent encore plusieurs heures après l'exposition.

Sentez vos racines s'enfoncer profondément dans le sol. Vous ne faites plus qu'un avec la Terre.

Si vous n'avez pas de forêt à proximité, trouvez un petit coin d'herbe et enlevez vos chaussures.

Réclamez plus de plaisir

La lune en Gémeaux

Le Gémeaux est une créature changeante. Un papillon (social). Un voyageur temporel, avec son « portefeuille d'activités ». Il apporte de la diversité à votre histoire et tient à ce que vous viviez plusieurs vies en une seule, à ce que vous accumuliez les expériences et les savoirs, les connexions et les projets. Si vous avez l'impression d'être dans une impasse, il sera un allié de choix pour vous pousser à mettre en œuvre de nouvelles stratégies et à prendre un nouveau chemin. Mais les changements provoqués par le Gémeaux ne se font pas en douceur. Ils sont radicaux.

C'est un portail que l'Univers nous ouvre pour renverser la vapeur et changer le cours de notre vie en un instant. Oui, c'est possible, à présent. La vision que nous avons de notre vie, de nos capacités apparentes, les histoires que nous inventons sur nous-mêmes, les limites que nous nous imposons, tout cela, ce ne sont que des constructions de l'esprit. Le Gémeaux nous invite à découvrir d'autres facettes de nous-mêmes et à voir leur beauté. Vous pouvez vous défaire de votre ancienne « identité ». En Gémeaux, la vie se passe maintenant et dans le futur. Vous POUVEZ être tout ce que vous voulez, et bien plus encore.

C'est le moment de faire bouger les choses dans votre vie professionnelle. Prenez les devants. Les gens sont à votre écoute et vous obtiendrez facilement ce que vous voulez. Exprimez-vous clairement et avec concision, car votre capacité de concentration peut être un peu moindre, ces jours-ci. Captez l'attention, recourez à votre passion et à votre enthousiasme pour faire avancer vos projets. Profitez de tous les moyens de communication à votre disposition (écrivez, apprenez, travaillez en réseau, participez à des débats d'idées). Si vous parvenez à vous concentrer, vous serez très efficace. Attention, à cause de toutes ces informations et de cette excitation environnante, l'énergie du Gémeaux peut vous mener à la frénésie, voire à l'épuisement.

Invitation : quelques questions à se poser

- ☽ Vous aimeriez explorer quelque chose de nouveau – pourquoi pas le reiki, le codage ou l'écriture créative ?
- ☽ Avez-vous l'impression qu'un domaine de votre vie nécessite un changement radical – votre carrière, une relation, votre développement personnel, votre foyer ?
- ☽ Qu'est-ce qui vous empêche de changer le cours de votre existence ?

- Comment instiller de la curiosité enfantine dans votre vie ?
- Qui sont les cinq personnes qui pourraient vous aider dans ce processus ?

L'énergie lunaire : l'air masculin

Le Gémeaux est joueur, créatif et curieux. Son appétit pour la vie est insatiable. Il a besoin d'explorer plusieurs chemins à la fois et va toujours vers ce qui l'amuse. C'est le moment d'agir, d'ouvrir les portes de l'exubérance. Partez à la conquête de vos rêves.

Inutile d'être trop sérieux, cette quête doit rester agréable. L'élément air nous rappelle l'importance de se libérer des vieux schémas, de s'alléger, de détacher ses cheveux et de profiter du voyage. Tout est possible.

Les bienfaits : changez votre façon de parler (y compris à vous-même)

Si nous changeons notre perception de nous-mêmes (l'estime de soi !) et notre façon de nous adresser aux autres, TOUT change.

Nous avons le choix de nos émotions et de notre façon de réagir aux situations.

Avez-vous tendance à vous reprocher tout et n'importe quoi ? En tant que Gémeaux, vous êtes connectés à vos réflexions et à vos paroles. Votre façon de penser et de vous adresser à vous-mêmes est étroitement liée à ce que vous êtes capables d'exprimer. Si vous parlez avec douceur et bienveillance, votre vie s'allège, votre discours intérieur négatif s'amenuise et, plus important encore, vous attirez la présence positive des autres.

Les outils

C'est le moment idéal pour explorer l'inconnu – un nouvel endroit, de nouvelles personnes, des idées. J'aime beaucoup consulter les plateformes en ligne pour m'informer sur les événements autour du développement personnel qui ont lieu près de chez moi. Vous pourrez en retrouver quelques-unes dans la liste de liens utiles pages 156-157.

La nouvelle lune en Gémeaux

Quelles sont les thématiques qui vous passionnent ? Profitez de la nouvelle lune en Gémeaux pour planter une graine d'intention, celle qui contient ce que vous aimeriez devenir, et demandez à l'Univers de vous envoyer les enseignements et les personnes nécessaires pour y parvenir.

Gouvernée par la planète Mercure (qui représente l'esprit), cette nouvelle lune vous dirige vers votre intériorité. Votre esprit se met au service de votre cœur, de votre intuition et de la sagesse de votre corps. Ne vous laissez pas emporter par le tumulte de vos pensées ni submerger par les vagues d'informations. Apprenez à limiter la quantité et la qualité de ce que vous recevez et relayez. Mettez de l'intention dans tout ce que vous faites.

Rituel moderne : pratiquez la sobriété numérique

Nous nous laissons facilement envahir par le flot ininterrompu d'informations à notre portée, jusqu'à nous y perdre. Que diriez-vous de réapprendre à apprécier les activités hors ligne : lire un livre, explorer un lieu inconnu, tenir un journal ? Pendant cette nouvelle lune, limitez-vous à 4 ou 5 heures par jour maximum devant les écrans. Imposez-vous un jour de déconnexion numérique par semaine. Observez également ce que vous faites de ce temps passé devant un écran. Est-ce que vous l'utilisez avec sagesse ? Les informations que vous collectez et que vous relayez sont-elles en accord avec votre être futur ?

La pleine lune en Gémeaux

La suractivité permanente nous fait facilement perdre de vue le monde qui nous entoure. Pourtant, nous sommes déjà au bon endroit, en lieu sûr. Qu'est-ce qui pourrait vous arriver si vous libériez du temps pour aller vous amuser un peu ? Plus vous vous sentirez en sécurité, plus l'Univers vous montrera qui vous êtes vraiment.

Cette pleine lune vous invite à retrouver votre légèreté. Laissez-vous envoûter par la magie, explorez vos fantasmes, dansez comme si vos rêves venaient juste de se réaliser et observez ce que vous ressentez.

Rituel moderne : changez MAINTENANT

Vivez vos rêves. Plongez dans la vie qui vous fait vibrer. Maintenant ! Peut-être imaginez-vous de grands changements dans votre vie ou fantasmez-vous sur un futur différent ? Alors, qu'est-ce que vous attendez ? Le Gémeaux change de vie comme de chemise.

Vous voulez améliorer votre image ? Ne sortez pas de chez vous sans une touche de rouge à lèvres et une jolie robe, ou sans votre plus beau costume. Commencez aujourd'hui. Vous rêvez de vivre comme à Los Angeles ? Sortez au soleil et prenez votre dose de vitamine D, faites le plein de superaliments et sortez votre blender du placard. Maintenant ! Vous voulez changer de carrière ? Aujourd'hui, c'est très facile de créer ou de modifier un site web. Vous pouvez le faire, alors allez-y. Maintenant. C'est parti !

Le Gémeaux vous pousse hors de votre zone de confort. Une fois que vous aurez fait le grand saut, vous vous apercevrez que la synchronicité vous attendait. Nous sommes tous ensemble dans le même bateau.

Devenez la personne que vous rêvez d'être

La lune en Cancer

L'énergie de la lune en Cancer est comme une mère prodigieuse et infinie. Elle nous réconforte aux creux de ses immenses bras et nous enveloppe de sa bienveillance, de sa maturité et de sa sagesse. Elle réaffirme notre relation au féminin/à la mère, à la Terre-Mère sous nos pieds, à notre mère biologique ou à celle qui nous a élevés, au féminin collectif, à notre lignage ancestral de femmes, ainsi qu'à la façon dont nous nous maternons nous-mêmes.

Nous pouvons apaiser les maux et les traumatismes vécus par nos ancêtres et notre Terre-Mère. Pour cela, il est nécessaire de s'isoler pour mieux panser nos blessures, puis laisser notre lumière résiliente se déverser absolument partout, jusque dans le passé et le futur. C'est un bon moment pour aller au bord de l'eau ; laissez l'élément liquide vous apaiser et demandez aux femmes du présent et du passé, ainsi qu'au sol qui se trouve sous vos pieds, de vous guider vers la guérison.

Les emotions peuvent être plus fortes que de coutume. Vous pouvez vous sentir sensible et souvent « au bord des larmes ». Ne vous attachez pas aux situations, aux lieux, aux objets, aux gens, aux pensées ou aux émotions. Laissez les éléments couler en douceur et en toute confiance.

Comme une rivière qui suit aveuglément son lit, soyez en sécurité sur le chemin qui se déploie devant vous. La rivière ne connaît ni les questionnements ni le doute. Elle ne se sent pas coupable de ne pouvoir couler plus vite. Elle ne s'appesantit pas sur le passé. Nous avons tellement à apprendre de la nature.

Invitation : quelques questions à se poser

☽ Qu'est-ce qui vous procure un sentiment de sécurité ?
☽ Où se trouve votre sanctuaire, ce lieu où vous vous sentez en paix et en sécurité ? Est-ce un état intérieur, un certain environnement ou un lieu spécifique ?
☽ Connaissez-vous votre lignage féminin (l'histoire de votre mère et de vos grands-mères) ?
☽ Vous arrive-t-il souvent de puiser vos forces dans la terre et l'eau ?
☽ Vous accordez-vous suffisamment de temps seul, pour prendre soin de vous ?

L'énergie de la Lune : l'eau féminine

C'est un incroyable moment de guérison et d'acceptation. La rivière sait qu'elle est formée et guidée par les rivages qui l'entourent. Elle danse avec les berges qui la façonnent. Ne cessez jamais d'avancer. Explorez. Faites confiance à votre chemin.

Si vous vous sentez tendu ou surexcité (à cause du courant trop rapide), c'est peut-être le signe que vous devez alléger votre vie. Abandonnez tout ce qui vous encombre pour mieux flotter. Il n'y a qu'ainsi que vous pourrez voir les choses en grand et exprimer tout ce dont vous rêvez.

Les bienfaits : consultez vos guides

C'est un moment spécial : vous êtes cerné de toute une troupe de pom-pom girls qui vous encouragent. Ce sont les femmes du passé, les âmes issues de votre lignée, les sœurs qui vous entourent. Vous pouvez vous détendre et vous laisser aller en toute sécurité, car vous êtes aimé et soutenu de façon inconditionnelle, comme vous ne l'avez jamais été auparavant. Soyez prête à faire pleinement confiance à cette situation.

Appelez votre mère ou votre grand-mère, ou peut-être une tante. Demandez conseil auprès de votre équipe spirituelle.

Les outils

C'est le moment de passer du temps près de l'eau. Je trouve l'eau vive, une source de montagne ou une rivière, particulièrement bienfaisante. N'oubliez pas d'exprimer vos intentions. Demandez la guérison, la sécurité, l'épanouissement et la sagesse ancestrale. Si le temps vous le permet, saisissez toutes les occasions d'aller nager dans un lieu sauvage, ou prenez un bain rituel.

RECETTE DE BAIN POUR LA LUNE EN CANCER

Ingrédients

- ½ à 1 tasse de sels d'Epsom
- Quelques gouttes d'huile essentielle de lavande et de romarin
- Un quartz rose ou une pierre de lune

Préparation

1. Plongez tous les ingrédients, y compris le quartz, dans un bain chaud.
2. Allumez quelques bougies et mettez une musique douce.
3. Restez dans l'eau 15 à 20 minutes et respirez profondément.
4. Laissez-vous flotter.
5. Lorsque vous avez terminé, regardez l'eau se vider. Visualisez les vieilles énergies qui disparaissent et sont absorbées par la Terre.

La nouvelle lune en Cancer

La nouvelle lune en Cancer réactive l'histoire de notre enfance et la façon dont nous avons été soutenus et éduqués. Elle nous rappelle l'importance de la guérison (physique, émotionnelle et spirituelle) et de l'acceptation.

Nous pouvons nous faire le cadeau de tout qui nous a manqué pendant l'enfance. Nous pouvons créer notre propre foyer. Nous pouvons devenir notre propre mère, une force nourricière, bienveillante, généreuse, mais aussi ferme et protectrice quand c'est nécessaire. Nous pouvons également devenir notre propre père, pragmatique, résilient, persévérant, méthodique, structurant et soucieux de nos besoins physiques.

Développez votre confiance en vous et affrontez ce qui est inconfortable. C'est une étape cruciale dans votre évolution personnelle. Vous allez choisir entre vos anciens fonctionnements et la vérité qui émerge de votre âme. La nouvelle lune en Cancer ne laisse aucune place à la malhonnêteté. C'est le moment de solliciter votre force intérieure.

Rituel moderne : utilisez votre mémoire comme outil d'ancrage

Une amie, spécialiste notoire de la santé féminine, m'a un jour transmis cette perle de sagesse : « Nous pouvons utiliser nos souvenirs comme des outils d'ancrage. » Visualisez la force, l'amour, l'ancrage et le pouvoir que vous avez pu ressentir dans une situation spécifique ou en compagnie d'une certaine personne et utilisez ce souvenir autant de fois qu'il vous sera nécessaire.

Ouvrez votre esprit à « un sentiment de sécurité et d'ancrage ». Imaginez à quoi cela pourrait ressembler. Par exemple, quand je me remémore les *Spirit Weavers* (les Tisseuses d'esprit), ces rassemblements annuels de femmes dans la forêt sacrée de l'Oregon, je revis la profonde connexion et le sentiment de sécurité que j'ai vécus en dormant sous ces arbres et en partageant cet espace avec 800 autres femmes. Nous avons tous connu des moments incroyablement puissants, que nous gardons précieusement dans notre « banque de mémoire » pour les utiliser ultérieurement.

La pleine lune en Cancer

Cette pleine lune nous donne de puissantes antennes pour mieux capter tout ce qui se produit en nous et autour de nous, et elle nous incite à nous retirer dans notre bulle protectrice, emplie de calme et d'amour inconditionnel. En respectant nos limites et en nous faisant respecter des autres, la pleine lune en Cancer nous aide à délimiter l'espace dont nous avons besoin pour porter toute notre attention sur la mission qui nous attend.

Pour créer une discipline en fonction de vos besoins, vous devez offrir à votre corps, à votre âme et à votre esprit la nourriture dont ils ont besoin pour être en paix. Si ce qui est vital pour vous en fait sourciller certains, ne vous en préoccupez pas. Chacun avance à sa manière. Suivez votre guide intérieur vers la prospérité et le succès dans chaque domaine de votre vie. Éloignez-vous des personnes et des situations qui vous empêchent d'avancer.

Rituel moderne : méditez sur l'amour de soi avec un quartz rose

Cette méditation vous apportera réconfort et ancrage. Le quartz rose est un splendide minéral d'amour inconditionnel de soi et de pardon. Personnellement, quand la Lune entre en Cancer, je ne peux pas m'en passer. Tenez-le dans votre paume gauche, posez-le sur votre corps ou gardez-le simplement près de vous pendant la méditation.

Imaginez que vous êtes dans une bulle de douceur, enveloppée du même rose que celui de votre cristal. Écoutez votre cœur, souvenez-vous que l'amour et la bienveillance que vous vous offrez ne pourront jamais vous être enlevés. Nous avons tous besoin d'un foyer, de sécurité, de nourriture. Ancrez-vous dans votre être profond et devenez votre mère, celle qui prend soin de vous. Quand votre cœur sera votre maison, vous n'aurez plus jamais peur. Vous serez toujours aimé inconditionnellement. À chaque expiration, regardez l'air circuler dans votre cœur. Imaginez-vous dans une bulle rose pâle. Profitez de ce bien-être pendant cinq minutes.

Demandez de l'aide pour atteindre la guérison

La lune en Lion

La lune en Lion brille d'une lumière somptueuse. C'est une période de créativité et d'audace, de grâce et de bravoure. Le courage du Lion vient du plus profond du cœur. Son amour débordant pour lui-même et pour les autres est différent de l'énergie du Bélier, plus impulsive. Nous sommes ici pour apprendre à canaliser notre lumière magique et notre créativité, des dons uniques que nous devons considérer avec autant de joie que de sérieux.

Quand la lune entre en Lion, n'ayez pas peur de briller et de vous faire remarquer. Laissez jaillir votre feu intérieur. Portez des vêtements colorés, ou blancs et or ; osez les bijoux extravagants. L'idée n'est pas de vous grimer comme un clown, car le Lion est une créature majestueuse. Votre apparence reflète votre état intérieur et votre raison d'être, elle symbolise votre essence et votre être profond. Envie d'une nouvelle coupe de cheveux ou d'une sortie shopping ? Oui, n'hésitez pas ! Vous rêvez de lire des poèmes à voix haute ? Absolument ! L'idée est de faire tout ce qui peut encourager votre créativité. Oubliez les limites que vous vous êtes imposées et laissez votre lumière briller.

L'énergie du Lion nous apprend à adopter la posture de celui qui se connaît intimement et accomplit davantage en fournissant un minimum d'efforts. Le Lion nous incite à protéger notre temps et notre énergie, quitte à se montrer féroce. Il choisit ce qu'il donne avec soin, mais ce qu'il vous offre changera le cours de votre vie. Il agit avec discernement et ne gaspille pas son énergie. En canalisant sa force, il est capable de provoquer de véritables séismes. Aussi, il sait qu'il doit choisir judicieusement.

Utilisez votre grâce et votre charisme pour régner sur votre royaume. Laissez derrière vous tout ce qui vous est superflu. Le Lion ne daigne porter son attention que sur l'excellence des choses et des personnes. Laissez ce luxe envahir votre vie.

Invitation : quelques questions à se poser

☽ Vous connectez-vous chaque jour à votre essence, à votre centre ?
☽ Comment exprimez-vous votre créativité ?
☽ Votre façon de vous habiller reflète-t-elle vraiment votre personnalité ?
☽ Savez-vous protéger votre énergie et votre temps en répondant poliment « non » aux demandes et aux invitations qui ne sont pas en accord avec votre être ?
☽ Pourriez-vous accorder plus de temps et d'espace à l'exploration et à l'expression de vous-même ?

L'énergie lunaire : le feu masculin

Le Lion symbolise la souveraineté et le pouvoir. Il vous invite à régner avec conviction, grâce et sagacité, comme un roi (ou une reine) plein de sagesse. Précis dans ses paroles comme dans ses actes, le Lion, une fois adulte, vous apporte la maîtrise de l'esprit et du corps. Vous saurez mener votre existence avec discernement et bienveillance. La créativité, habituellement liée à l'énergie féminine, gagne ici en concision (vous savez exactement qui vous êtes et dans quels domaines vous excellez). Elle devient expressive et s'oriente vers l'extérieur.

Brûlez tout ce qui peut saboter votre créativité et tout ce qui entrave votre épanouissement. Occupez le centre de la scène, tenez le gouvernail de votre vie. Laissez jaillir ce rugissement qui monte de votre cœur. Le monde vous attend.

La nouvelle lune en Lion

La vulnérabilité est une force. Cette nouvelle lune nous enseigne l'importance de la modération. Arrêtez de vouloir vous dépasser ou aller plus vite que la musique, car vous ratez la leçon dispensée en chemin. Chaque chose possède son temps divin.

La modération nous aligne sur le rythme de l'Univers et sur notre vérité profonde. La vulnérabilité nous permet de nous connecter et de nous identifier aux autres. La gratitude nous ouvre les yeux sur la beauté, la bonté et l'abondance qui se trouve autour de nous.

Les outils

Quand la lune est en Lion, mon **cristal** préféré est la citrine. Elle diffuse son éclat jaune comme un soleil et me procure de la joie. Vous pouvez l'utiliser pour méditer, en la tenant dans votre paume gauche et en vous concentrant sur sa vibration par la respiration. Vous pouvez également garder ce cristal près de vous pendant que vous travaillez ou créez.

Allumez des bougies, voire un feu si c'est possible. C'est une excellente manière d'exploiter la fougue du Lion. Le feu a le pouvoir de purifier, de transformer et de stimuler. Quand la nuit tombe, éteignez les lumières et éclairez-vous à la bougie.

La nouvelle lune en Lion

La vulnérabilité est une force. Cette nouvelle lune nous enseigne l'importance de la modération. Arrêtez de vouloir vous dépasser ou aller plus vite que la musique, car vous ratez la leçon dispensée en chemin. Chaque chose possède son temps divin.

La modération nous aligne sur le rythme de l'Univers et sur notre vérité profonde. La vulnérabilité nous permet de nous connecter et de nous identifier aux autres. La gratitude nous ouvre les yeux sur la beauté, la bonté et l'abondance qui se trouve autour de nous.

Utilisez cette conjonction pour accroître votre estime de soi et invitez en douceur la créativité dans votre vie. La meilleure façon est d'avancer « au feeling ». Souvent trop occupés par notre quotidien, nous oublions ce que signifie s'amuser ou profiter de la douceur du soleil.

La nouvelle lune en Lion est un rayon de soleil. Elle éclaire le chemin vers votre force intérieure et met en lumière ce qui a besoin d'être guéri en silence avant d'être exprimé à voix haute.

Sachez prendre un peu de recul pour changer la façon dont vous vous présentez au monde, c'est un puissant indicateur de votre force intérieure.

Rituel moderne : laissez le soleil entrer dans votre cœur

Le Lion gouverne le cœur et il est gouverné par le Soleil. Utilisez cette puissante méditation pour que votre cœur irradie de lumière :

- Asseyez-vous ou allongez-vous.
- Pensez à quelque chose qui vous fait sourire (par exemple votre enfant, un chiot ou votre plat favori).
- Inspirez profondément et laissez la joie, la gratitude et la tendresse envahir votre cœur et votre poitrine.
- Expirez en gardant la poitrine gonflée.
- Inspirez à nouveau et gonflez encore davantage la poitrine.
- Répétez ce processus à plusieurs reprises.

Ensuite, redressez-vous et laissez cette énergie chaude, douce et joyeuse circuler dans tout votre corps.

La pleine lune en Lion

Cette pleine lune est sans conteste celle de la certitude et du pouvoir. Elle agit en toute bienveillance, mais avec précision, pour rompre les liens qui vous entravent et vous empêchent de rugir librement (autrement dit, d'exprimer votre vérité).

Vous êtes convié à vous positionner avec ferveur et élégance, à énoncer vos intentions pour protéger votre corps et votre énergie. Observez dans quels contextes vous dilapidez votre énergie pour définir, quand la lune sera descendante, les limites nécessaires et créer un espace dans votre vie qui sera consacré au jeu, à l'amour, aux nouvelles personnes et expériences.

Rituel moderne : mettez-vous sur votre trente-et-un

Faites-vous remarquer. Laissez carte blanche à l'artiste et à l'excentrique qui sommeillent en vous. Pendant cette pleine lune, fouillez dans votre armoire et sortez les vêtements que vous aimez, agrémentez-les de nouvelles pièces originales (privilégiez si possible les marques éthiques). Ou bien investissez dans un magnifique bijou, une montre ou un accessoire de luxe, tout ce qui pourra vous faire sortir de votre style habituel.

Laissez
briller
votre
lumière

La lune en Vierge

Imaginez cette période de l'année où la frénésie d'activités se calme enfin. Vous êtes prêt à ralentir et à être plus attentif. Avancez doucement et en conscience. Passez au crible votre liste de choses à faire et faites le tri entre ce qui nécessite d'être accompli et ce qui demande encore à être cultivé ou entretenu.

La lune en Vierge améliore notre attention aux détails et notre capacité à peser le pour et le contre avec pragmatisme et objectivité. Quelle est la capacité de résilience des graines que vous avez semées ? Cette lune peut vous apporter le courage et le discernement nécessaires pour déterminer ce qui vous est bénéfique, vivre selon votre propre code moral et votre propre justice, et agir comme bon vous semble, un service que vous rendrez à vous-même et aux autres.

Mais pour y parvenir, il faut faire preuve d'une intégrité sans faille et partaire la connaissance de nos zones d'ombre et de lumière (les Vierges observent et analysent chaque détail). C'est une énergie lunaire qu'on ne peut pas duper. Si vous voulez remanier votre carrière ou prendre soin de votre santé, commencez par élaborer un plan.

J'ai volontairement omis de mentionner les relations. La lune en Vierge est objective : elle ne vous laissera pas sombrer dans un quelconque drame affectif. En revanche, vous pourrez ressentir le besoin de vous engager dans une activité bénévole, par exemple dans une ferme ou un jardin urbain, dans une maison de retraite... La Vierge est également une grande guérisseuse, sans qu'il y ait rien de mystérieux. C'est une femme-médecine ou un homme-médecine profondément connecté à la Terre. Souvenez-vous, vous deviendrez la meilleure version de vous-même en partageant votre savoir avec le reste du monde et avec la Terre-Mère.

Invitation : quelques pistes à explorer

- ☽ Êtes-vous prête à déterminer de façon pragmatique et objective ce qui ne vous est plus utile ou ce que vous ne désirez plus ?
- ☽ Savez-vous définir ce qui fait partie de votre histoire et ce qui lui est extérieur ?
- ☽ Ressentez-vous de la peur à l'idée d'être entièrement autonome et indépendante ?
- ☽ Que pourriez-vous apprendre de la nature ?
- ☽ Pourriez-vous mettre à profit votre temps libre dans une activité caritative ?

L'énergie de la Lune : la Terre féminine

La lune en Vierge s'apparente à une divinité terrestre. Sa force peut déplacer des montagnes. Elle est indépendante, droite, fermement ancrée dans le sol. « *Virgo* » sous-entend la vigueur, loin de cette image virginale que nous renvoie la société patriarcale. La lune en Vierge nous invite donc à découvrir notre sagesse, notre force et notre vigueur en nous connectant à la Terre au lieu d'être dépendant des autres et des relations.

Les bienfaits : cochez les cases

N'oubliez pas que vous vous suffisez à vous-même. L'énergie de la Vierge nous encourage à être au service des autres. Pourtant, cette intention ne doit pas venir d'un besoin d'approbation ou d'un manque, mais bien d'un processus d'émancipation.

La lune nous demande de nous connecter à notre force intérieure. Découvrez la guérisseuse qui se cache en vous en réactivant votre connexion à la nature. Laissez-vous porter par la danse de la lumière et de l'obscurité. Au fond de vous, vous savez que vous êtes à la fois parfait et imparfait.

La lune en Vierge aime cocher les cases. Faites ce qui doit être fait. Mettez de l'ordre dans vos tiroirs. Faites des plans et rationalisez votre quotidien. Chaque étape ayant son importance, sachez reconnaître vos forces et vos faiblesses. Notez-les. Faites des listes.

Vous n'êtes pas un martyre, mais une reine ou un roi affranchi par votre connaissance parfaite de tous les aspects de la vie.

Les outils

Ne négligez pas l'importance d'une connexion quotidienne à la Terre-Mère pour votre bien-être, même si vous ne faites qu'admirer pendant quelques instants la délicatesse d'une toile d'araignée illuminée par le soleil.

Pour me connecter à la nature, j'aime marcher pieds nus dans la forêt ou dans un parc, ou simplement enlever mes chaussures quand je suis assise ou debout dans l'herbe. Familiarisez-vous avec les plantes. Même si j'aime beaucoup les plantes adaptogènes exotiques, car elles aident le corps à gérer le stress, nos jardins regorgent de plantes aux effets miraculeux. Liez-vous d'amitié avec le pissenlit et la lavande.

La nouvelle lune en Vierge

La nouvelle lune en Vierge est celle de notre guérison personnelle, une plénitude indispensable pour pouvoir aider les autres. Cette lune propose d'élaborer une stratégie minutieuse et analytique. Comme un comptable ou un investisseur, elle nous permet de savoir quand nous dépensons trop ou quand nous sommes débiteurs, ce qui nous aide à prospérer et ce qui nous appauvrit.

La Vierge étant étroitement liée à la Terre, cette nouvelle lune est le moment idéal pour amorcer un changement progressif grâce à une discipline facile à suivre au quotidien. La nouvelle lune en Vierge nous donne le pouvoir et l'énergie de continuer à avancer.

Rituel moderne : préparez un repas (et mangez-le en pleine conscience)

La nourriture est une puissante médecine que nous devons considérer avec le plus grand respect.
La préparation et la dégustation d'un repas en toute conscience nous permettent de nous ancrer et de nous connecter à la nature. Personnellement, je ne suis pas une grande férue de cuisine, d'autant plus que mon mari me ravit sans cesse par ses talents et sa créativité culinaires. Cela dit, il ne s'agit pas de passer des heures devant les fourneaux ! Vous pouvez commencer par une simple fournée de chips de chou kale biologique.

La pleine lune en Vierge

Cette pleine lune a un œil de lynx. Elle voit tout et discerne ce qui fonctionne et ne fonctionne pas. Elle est méticuleuse et sans concession. Inutile de continuer à vous raconter des histoires, car la pleine lune en Vierge connaît parfaitement la vérité. Rien ne lui échappe. Ici, votre mission est de mettre un terme à ce qui vous encombre. Prenez un peu de recul et achevez tout ce que vous remettez sans cesse au lendemain. Ne laissez passer aucun détail.

Une fois que vous avez mis de l'ordre dans votre passé (avec objectivité), la pleine lune en Vierge vous montre le chemin vers l'émancipation. Elle vous apporte la concentration et la persévérance nécessaires pour vous guérir des blessures et des tragédies du passé. C'est le moment de vous relever et de vous ouvrir à la sagesse de l'existence d'une façon radicalement nouvelle, guidée par votre corps.

Avez-vous bien pensé à tous les détails ? Avez-vous négligé une étape dans l'espoir d'avancer plus vite ? Avez-vous fermé les yeux sur certains éléments de votre passé qui doivent être réglés et peaufinés avec élégance ? Prenez votre temps : la Vierge peut se montrer perfectionniste et très critique d'elle-même.

Rituel moderne : écrivez une lettre de remerciements

Écrivez une lettre de remerciements à cette ville qui était la vôtre, à cette maison dans laquelle vous avez vécu et aimé, à ces relations qui ont pris fin. Ce sont les enseignements les plus fondamentaux. Ne vous précipitez pas vers l'avenir avant d'avoir consacré le temps nécessaire à refermer la porte sur votre passé.

« Cher (chère)............................, je veux te remercier d'avoir été ce lieu/cette personne formidable pendant ces.............. dernières années... »

Maîtrisez vos parts d'ombre et de lumière

La lune en Balance

La lune en Balance aspire à la paix et à l'harmonie. Elle œuvre pour l'égalité et la justice. La Balance est une guerrière pacifique, celle qui se bat pour les droits de chacun avec amour, compassion et sans colère. Les périodes de lune en Balance peuvent être merveilleuses, équilibrantes et apaisantes. C'est le moment de vous faire du bien, de vous débarrasser de ce qui est toxique et sombre en vous. Posez autour de vous un regard harmonieux et demandez-vous comment VOUS pouvez apporter davantage de beauté dans ce monde.

La Balance aime s'entourer de partenaires. Elle nous rappelle nous n'avons pas besoin d'avancer ou de lutter seuls. Comment vos proches, vos partenaires, vos amis, votre famille ou votre communauté peuvent-ils vous aider à prendre cette direction ? Comment votre existence et vos actes peuvent-ils à leur tour contribuer à soutenir vos amis, votre famille et votre communauté ?

Pendant cette phase lunaire, nous pouvons profiter de la relation qui se tisse entre notre harmonie intérieure et celle qu'on instaure avec les autres. Nous sommes ici pour partager notre lumière et notre savoir avec le reste de l'humanité, avec tous les êtres présents sur cette Terre. Mais il est important de ne pas oublier que la relation la plus fondamentale est celle qui nous lie à nous-mêmes. Chaque pas en direction d'une vie d'équilibre, d'amour, d'écoute profonde et de beauté vient parfaire votre mission. En créant l'harmonie et la beauté en vous, vous irradiez d'une énergie paisible et équilibrée qui se disperse par ricochet tout autour de vous.

Invitation : quelques pistes à explorer

- ☽ Est-ce que votre travail apporte paix, justice, beauté et harmonie dans ce monde ? Comment pourriez-vous amplifier cette tendance ?
- ☽ Que se passerait-il si vous consacriez plus de temps à des personnes qui sont parfaitement en paix avec elles-mêmes ?
- ☽ Recevez-vous autant que vous donnez, et inversement ?
- ☽ Quelles petites choses pouvez-vous accomplir pour créer plus de beauté dans votre espace ?
- ☽ Que se passerait-il si vous cessiez de vous plaindre et adoptiez un état de gratitude permanent ?

L'énergie lunaire : l'air masculin

Chaque signe du zodiaque est gouverné par une planète. La Balance est gouvernée par Vénus, astre féminin, ce qui explique son symbole. Ce signe est simultanément affecté par les polarités masculine et féminine et nous incite à trouver un équilibre entre les deux, à l'intérieur de nous et dans nos relations, un équilibre entre rigidité et souplesse, entre rêves, ou inspiration, et action, entre l'acte de donner et de recevoir.

Les bienfaits : trouvez l'équilibre entre donner et recevoir

Observez et redéfinissez la quantité et la qualité de ce que vous donnez et recevez, de ce que vous accueillez volontiers et de ce que vous refusez. Contrairement à la croyance générale, selon laquelle féminin est synonyme de don, la véritable caractéristique du féminin est d'accueillir et de créer à partir de ce qui a été reçu, alors que la mission du masculin est de porter un réceptacle pour cette création et de l'acheminer à bon port. Votre féminin et votre masculin sont-ils bien équilibrés ?

Si vous donnez plus que vous ne recevez, vous vous dépossédez de votre propre pouvoir. Vous devez apprendre à accepter, l'argent, l'aide, les compliments. En revanche, si vous recevez beaucoup, mais refusez de donner, demandez-vous si vous ne renfermez pas une peur de manquer, d'être incapable de récupérer ce que vous avez donné. Pratiquez la générosité sous la forme d'un service désintéressé : faites un don à une œuvre caritative, donnez un coup demain à un ami pour son déménagement ou allez aider votre voisin âgé à jardiner.

Les outils

Les huiles essentielles possèdent un puissant pouvoir de guérison énergétique. Quand la lune est en Balance, j'utilise l'huile essentielle de rose pour équilibrer le cœur. Vous pouvez en mélanger une ou deux gouttes avec de l'huile de jojoba, ou toute autre huile neutre, et masser votre sternum, le centre énergétique relié au cœur ou encore l'utiliser comme parfum.

Je suis une grande adepte du cacao et des cérémonies autour de cette plante harmonieuse, aux propriétés thérapeutiques très puissantes. Elle contient de la théobromine et des inhibiteurs de la monoamine oxydase, qui agissent sur l'humeur et l'ouverture du cœur. Véritable antidépresseur naturel, le cacao crée un sentiment de connexion. Il contient également plus d'antioxydants que n'importe quel autre superaliment. Vous pouvez essayer de mettre en place votre propre cérémonie du cacao. Découvrez quelques recettes de boissons comme le Cacao Club (voir liens utiles pages 156-157).

La nouvelle lune en Balance

La nouvelle lune en Balance souhaite que vous ayez une vie agréable et paisible, emplie de relations harmonieuses, en ce lieu magique appelé la Terre. Nous pouvons donner le meilleur de nous-mêmes dans la paix et la solitude. Nous pouvons trouver le calme dans la routine et le réconfort dans la nature. Nous pouvons nous connecter à nous-mêmes en passant du temps seuls (même si c'est parfois difficile). Mais ce n'est pas toujours ainsi que nous vivons.

Cette nouvelle lune exige que vous fassiez preuve de force et de détermination dans vos relations, qu'elles soient personnelles ou professionnelles. Entraînez-vous à recevoir, à faire confiance, et exigez des échanges équitables. Cependant, il faut toujours être deux pour danser le tango. Assurez-vous de prendre votre part de responsabilité avant de demander la même chose aux autres.

Rituel moderne : faites votre part

Choisissez quelqu'un qui a de l'importance à vos yeux : votre partenaire, un ami proche ou votre associé.

Demandez-vous si quelque chose a changé, si la gratitude et l'amour ont perdu en intensité ou sont devenus routiniers, voire si vous ressentez de la rancœur. Posez-vous ces questions :

☽ Avez-vous l'impression de contenir votre amour et votre compassion ?
☽ Avez-vous mis de la distance ?
☽ Avez-vous exprimé vos limites et vos besoins de façon absolument honnête ?

Endossez votre part de responsabilité. Prenez la décision de changer. Faites preuve de reconnaissance.

Demandez à cette personne ce qu'elle ressent et écoutez attentivement sa réponse. Offrez-lui votre soutien. Faites quelque chose de gentil sans rien attendre en retour. Le plus souvent, quand quelqu'un est irrité, vous n'y êtes pour rien. C'est peut-être sa façon d'exprimer un besoin de soutien, de compréhension et de réconfort.

La pleine lune en Balance

La pleine lune en Balance est le moment idéal pour renégocier vos relations et en forger de nouvelles. Cherchez l'harmonie et l'équilibre dans votre dynamique relationnelle et servez-vous-en pour embellir le monde à plusieurs. J'ai d'ailleurs épousé mon mari pendant la pleine lune en Balance.

Cette lune vous montre quelle personne pourrait vous aider à exprimer vos rêves et vous guider dans votre voyage, celle qui vous aidera à atteindre les étoiles. Même si nous croyons en l'indépendance et en l'autonomie, nous avons besoin d'améliorer notre aptitude à recevoir.

La Balance étant un signe d'air cérébral. Donner et recevoir est une pratique qui doit donc être abordée avec objectivité et détachement, sans larmes ni débordements émotionnels. Discutez, posez certaines limites et négociez de nouveaux accords, si nécessaire, avec l'esprit calme et le cœur ouvert.

Rituel moderne : donnez et recevez

Planifiez un rendez-vous (mensuel) avec votre meilleur ami ou votre partenaire, amoureux ou professionnel. Sur une feuille de papier, notez cinq choses que vous recevez de cette personne : la façon dont sa présence vous inspire ou vous encourage, dans votre vie ou au travail. Commencez chaque fois par « je te remercie pour... ». Lisez-lui cette liste à voix haute.

Ensuite, écrivez cinq choses que vous aimeriez recevoir de sa part, et pourquoi. Par exemple : « J'aimerais que tu m'offres des fleurs de temps en temps parce qu'elles embelliraient vraiment le salon ; j'aimerais recevoir un massage parce que le toucher est essentiel pour moi ; j'aimerais recevoir de l'aide pour mon projet commercial parce que je n'arrive plus à avancer. » Interrogez cette personne pour savoir si elle est d'accord et si elle se sent capable de vous donner ce que vous demandez, puis décidez d'un moment pour mettre ces dons en œuvre. Par exemple : « Pourrais-tu m'aider sur mon projet mardi prochain ? »

Cet exercice vous encouragera à collaborer et à déléguer, à développer votre empathie et vos capacités d'encadrement, et vous apprendra à demander de l'aide quand vous en avez besoin.

Il n'est pas nécessaire que vous avanciez seul

La lune en Scorpion

Le Scorpion creuse en profondeur. Il ne s'arrête pas tant que tout ce qui est « néfaste » n'a pas été déterré et exposé pour l'objectif ultime : la libération et la transformation. Perspicace et pertinente, la lune en Scorpion apporte des réponses à des questionnements séculaires. Cette période peut se révéler exigeante et complexe. Mais elle vous permet globalement de faire évoluer les choses au niveau de l'âme. Essayez de lâcher prise et laissez cette lune vous apporter l'apaisement et l'épanouissement.

Le processus de purge n'est pas des plus agréables. Je suis prête à parier que peu d'entre vous se réjouissent à l'idée d'un nettoyage de printemps ou d'un grand défrichage. Pourtant, une fois cette tâche terminée, nous nous sentons plus légers, nous respirons mieux, nous sommes plus en accord avec nous-mêmes. Ce qui survit à un tel remue-ménage nous appartient réellement et nous procure de la joie. Nous sommes débarrassés de cet amoncellement de choses inutiles qui alourdissaient notre système.

La transformation alchimique n'est pas harmonieuse. Ne vous attendez pas à des discussions raisonnables et agréables. C'est un processus qui peut être chaotique, mouvementé et douloureux. Mais si nous sommes capables de rester pleinement conscients tout en affrontant la cause de notre souffrance et de notre révolte, nous effectuons un immense pas en avant vers notre vérité, vers la paix et le bonheur. Le secret est d'apprendre à trouver l'équilibre entre ordre et chaos, entre connu et inconnu, entre conscient et inconscient.

Si nous avons tendance à rester piégés dans certaines situations, c'est souvent parce que nous pensons ne pas mériter mieux. C'est ce qui nous semble le plus familier. Mais nous sommes libres de nager vers la surface, de prendre une profonde inspiration et de capter la lumière du soleil. Vous êtes libre de vous diriger vers ce qui vous enrichit et vous fait du bien. Si vous sentez votre cœur se serrer, ouvrez-le davantage. En développant votre capacité à recevoir l'amour, les opportunités, la bienveillance et l'abondance, vous verrez vos vieilles habitudes disparaître d'elles-mêmes.

Invitation : quelques pistes à explorer

- ☽ Connaissez-vous l'histoire de vos ancêtres, celle de vos vies passées ?
- ☽ Où avez-vous besoin d'aller pour apaiser votre connexion avec vos racines ?
- ☽ Vous sentez-vous réellement valorisée dans vos relations ou dans votre carrière ?

☽ Avez-vous un traumatisme enfoui qui doit être verbalisé, soigné et libéré pendant cette lune ?

L'énergie lunaire : l'eau féminine

Le Scorpion déterre des profondeurs de notre âme des émotions et des sentiments comme la rage, il nous incite à tout « déconstruire » pour nous en débarrasser. L'énergie féminine, l'énergie de la déesse, a trop longtemps été réprimée. Il n'est pas surprenant de voir jaillir cette énergie sous la forme d'un volcan, pour nous obliger à l'affronter. Ici, l'apaisement doit venir de l'énergie masculine : une berge solide pour contenir et canaliser l'énergie féminine, amorcer des changements positifs et nous permettre d'exprimer calmement nos besoins et nos sentiments.

L'histoire de la déesse indienne Kali illustre parfaitement l'énergie du Scorpion et nos besoins impérieux : la déesse était tellement folle de rage qu'elle voulait détruire tout l'Univers. Son partenaire masculin, Shiva, a réussi à calmer sa fureur en s'allongeant sous son pied pour canaliser son énergie et recevoir sa bénédiction.

L'énergie créatrice féminine en chacun de nous tous devient plus sauvage. Les émotions refoulées émergent et nous avons besoin d'être vus et entendus. L'eau est tour à tour paisible comme la surface d'un lac et destructrice comme un tsunami. Pour canaliser, apaiser et utiliser de façon positive ce bouillonnement créatif, nous avons besoin de l'énergie masculine.

Les bienfaits : osez vous exprimer

L'énergie féminine est à l'aise dans le chaos et l'obscurité. Bien qu'elle ait été dénigrée au cours des siècles derniers, nous réapprenons aujourd'hui à apprivoiser l'ombre et à accueillir sa sagesse et sa mémoire ancestrale. Même si, au premier abord, nous pouvons avoir l'impression de ne pas savoir vivre notre vérité ni libérer notre créativité, il nous faut nous lever et prendre la parole. Notre sagesse doit être exprimée à voix haute. Relevez le défi.

Les outils

L'énergie du Scorpion vous met face à ce qui est réprimé ou caché sous un voile d'immoralité. La sexualité, le pouvoir, l'argent : voilà les thématiques que la lune en Scorpion vous propose d'aborder. Découvrez ci-dessous deux outils qui viendront renforcer votre vie et votre carrière de façon inattendue :

La sexualité sacrée : cultiver une énergie sexuelle saine apporte du pouvoir à l'existence ; c'est un aspect vital de notre énergie, non seulement pour faire des enfants, mais pour la création au sens large.

L'argent est énergie : nous devons solliciter notre estime de nous-mêmes pour demander une rétribution juste de notre temps, de notre énergie et de notre savoir-faire.

Vous trouverez d'autres lectures sur ces deux thématiques dans les Liens utiles pages 156-157.

La nouvelle lune en Scorpion

Cette nouvelle lune nous exhorte à une guérison en profondeur. Le Scorpion frappe à notre porte pour nous rappeler de ne pas trop attendre pour vivre selon nos aspirations et de ne pas rejeter les cadeaux de l'existence. Nous devons nous mettre au travail et prendre (intérieurement) les bonnes décisions concernant tous les aspects de notre vie, avec compassion. C'est le moment d'abandonner tout ce qui n'est plus bénéfique à notre âme, tout ce qui va à l'encontre de notre conception du futur.

La nouvelle lune en Scorpion est une renaissance. Elle nous invite à accepter nos zones d'ombre, nos expériences passées, les choix que nous avons faits. À présent, nous avons le droit de dire « NON », de faire les choses différemment. Pourtant, nous continuons à nous appesantir sur le passé. Nous sommes marqués à jamais. Cette nouvelle lune nous permet de réaliser que tout peut se transformer en force ou en bénédiction. Votre expérience est unique et renaît de ses cendres comme un phœnix. C'est le moment de verbaliser ces blessures que nous avons portées, ou enfouies, pour enfin avancer en paix avec nous-mêmes et avec le monde.

Rituel moderne : dressez la liste de vos plus grands secrets

Notre corps et nos cellules emmagasinent toute notre énergie et nos traumatismes. Dans notre société, nous partageons peu les expériences embarrassantes ou honteuses que nous avons pu vivre. Chacun reste ainsi prisonnier de son ombre, incapable d'apporter du sens à son passé et d'en prendre conscience.

Voici un fabuleux rituel transformateur : dressez la liste de tout ce dont vous avez encore honte, tout ce que vous gardez secret, des souvenirs qui continuent à vous faire souffrir ou à vous embarrasser, de toutes les choses que vous auriez aimé faire différemment.

Ensuite, pour chacune de ces expériences, notez si elle vous a rendu plus fort, si vous en avez tiré une leçon, si vous avez gagné en humilité ou en tolérance, et si cela vous a aidé à avancer.

Quand vous serez prêt, vous pourrez partager cette liste avec un ami proche ou un thérapeute.

La pleine lune en Scorpion

Surfer sur l'énergie du Scorpion n'est pas une mince affaire. Cette pleine lune n'est pas un bateau qui navigue paisiblement sur les flots. Pourtant, elle recèle un incomparable pouvoir de transformation. Elle creuse encore plus loin que d'habitude pour libérer, au niveau cellulaire, vos traumatismes les plus profondément enfouis.

Souvent viscérales, les émotions fortes peuvent permettre de nous connecter à notre corps. Si nous pouvons éprouver de la douleur, nous sommes aussi capables de ressentir du plaisir, et inversement. Le Scorpion nous invite à tout sentir en profondeur au lieu de rester anesthésiés et déconnectés de l'existence.

Peu importe si votre expérience est subtile ou prend la forme d'une violente rupture énergétique : la prise de conscience est essentielle. Le Scorpion incarne l'inconscient et votre seule obligation est d'accueillir et de ressentir tout ce qui émerge des profondeurs. Faites confiance à l'intelligence de votre corps et abandonnez-vous au travail de l'Univers. Ne doutez pas qu'il existe en vous une sagesse qui connaît l'alchimie de la guérison mieux que votre esprit et votre volonté.

Bien que chaotique, le Scorpion est le vecteur de notre transformation la plus essentielle. Cette pleine lune éclaire, brûle et transforme tout ce qui émerge. Nous voyons arriver le jour nouveau avec clarté et légèreté, notre estime de soi s'en trouve régénérée.

Rituel moderne : faites de la place

Vous avez besoin d'espace pour guérir et évoluer. Pour creuser au plus profond de votre âme.

Faites de votre maison un sanctuaire. Vous n'êtes ni le domestique, ni le plombier ni le majordome de votre foyer. Déléguez autant que possible. Allégez votre liste de tâches pour canaliser votre énergie vers ce qui vous fait plaisir, comme composer un bouquet de fleurs ou écrire un livre. Concentrez-vous sur l'essentiel. Embauchez une femme de ménage ou demandez à votre partenaire et à vos enfants de participer. Faites appel à quelqu'un pour garder vos jeunes enfants ou promener le chien. Mettez à profit le temps gagné en sondant les profondeurs de votre expérience et de vos sentiments ou faites plus souvent l'amour avec votre partenaire.

Apprenez à naviguer entre ordre et chaos

La lune en Sagittaire

La lune en Sagittaire apporte de l'espoir, des idées nouvelles et de grands rêves. Cette énergie est un mélange de plaisir et de détermination, car vous aurez besoin des deux pour réussir ce que vous entreprenez. Le Sagittaire incarne l'instruction, les voyages au long cours et l'aventure, mais aussi l'espoir et la liberté. La nouveauté. L'excitation. Les liens renoués. Le Sagittaire veut poursuivre ses rêves et refuse tout ce qui pourrait l'enfermer ou le limiter.

Mi-homme, mi-cheval, le Sagittaire vise les étoiles avec son arc. Il va vous demander si vous connaissez vraiment votre destination, car il sait très bien faire la différence entre un véritable rêve et les mensonges introduits dans votre cerveau par la société et les médias. La vraie liberté exige une base solide. Nous avons besoin de force intérieure pour discerner le futur et être certains qu'il se manifestera tant que nos yeux resteront fixés sur cette étoile, à l'horizon. Le Sagittaire nous rappelle que nous ne faisons qu'un avec l'Univers et que notre vie est magique. Osons faire le grand saut, car nous sommes en sécurité.

Le Sagittaire est une créature mi-homme, mi-animal, qui nous conseille d'interroger la nature, les arbres, les pierres, l'esprit des animaux, sans oublier notre propre cœur. Les réponses s'y trouvent déjà. Nous pouvons composer avec les restrictions et les défis extérieurs et éphémères (avec amour) tout en restant connectés à la situation globale et à notre guide intérieur.

Gardez les pieds fermement ancrés dans le sol sans oublier qu'au même moment, vous ne faites qu'un avec les étoiles.

Invitation : quelques pistes à explorer

☽ Qu'est-ce que votre cœur rêve d'apprendre et de faire ?

☽ Où aimeriez-vous être dans cinq à dix ans ?

☽ Quels sont les principaux défis que vous entrevoyez dans le futur ?

☽ Comment pourriez-vous consolider vos fondations pour pouvoir décoller, peut-être en économisant de l'argent pour pouvoir ensuite quitter votre emploi et apprendre quelque chose de nouveau ?

☽ Suivez-vous véritablement VOTRE chemin ?

L'énergie lunaire : le feu masculin

Favorisez l'extériorisation de l'énergie. Le Sagittaire est définitivement un moteur. Il est celui qui enflamme. Nourrissez le feu de votre curiosité et de votre inspiration. Trouvez vos mentors. Faites de nouvelles expériences, investissez dans des formations et des ateliers.

Cet optimisme et cette joie évoquent l'atmosphère d'un feu de camp un soir d'été. Vous savez qu'un nouveau jour va commencer. Quand l'aube arrivera, vous serez prêt à passer à l'action.

Les bienfaits : trouvez votre *ikigai*

Ce cycle lunaire exige de l'honnêteté. Soyez clair dans vos actes et dans votre manière de vous présenter. Assurez-vous d'employer votre temps de façon à refléter votre vérité intérieure.

Ikigai signifie « raison d'être » en japonais. C'est précisément ce que la lune en Sagittaire vous demande de clarifier avant de lacer vos chaussures et de vous mettre en marche. Pour toucher la bonne étoile, vous devez diriger votre flèche (Sagittaire) avec précision. Vous avez davantage de pouvoir que vous ne l'imaginez et vous pouvez devenir tout ce que vous choisissez d'être.

La question la plus importante est la suivante : suivez-vous la bonne direction ? Quel est votre *ikigai*, votre raison d'être ?

Les outils

Les meilleurs outils pour le Sagittaire sont l'exploration et le voyage. Ce signe nous invite à redevenir des élèves. Des novices. D'éternels disciples. L'idée, ici, est de porter un regard neuf sur soi et ce qui nous entoure, et de développer notre capacité à être inspiré et inspirant.

Soyez curieux des connaissances empiriques et de vos propres racines. Pour pouvoir les exploiter à un niveau plus profond, nous devons en faire l'expérience, que ce soit en allant à la rencontre de cultures différentes ou en explorant les traditions de nos ancêtres. Vous pouvez visiter des lieux sacrés qui ont jadis joué un rôle majeur dans la vie de vos aïeuls, essayer de cultiver des plantes qui étaient essentielles pour eux ou tentez de célébrer un rituel issu de votre lignée. Vous pouvez voyager autour de chez vous, explorer votre pays ou votre région, ou vous envoler à l'autre bout du monde.

Si votre travail vous le permet, pourquoi ne pas glisser votre ordinateur portable dans votre valise et aller passer une semaine ou deux dans un autre pays ?

Planifiez votre prochain voyage professionnel quand la lune est en Sagittaire.

La nouvelle lune en Sagittaire

Cette nouvelle lune doit être épanouissante et bienfaisante. Faites une pause et réjouissez-vous de toutes les joies et de toutes les leçons apprises, de tous les changements, et commencez à visualiser votre nouvelle vie. Le Sagittaire nous apporte de la clarté. Il nous aide à choisir une étoile dans le ciel et à diriger notre flèche dans sa direction.

La nouvelle lune en Sagittaire marque un incroyable moment d'ouverture de notre esprit, de connexion à l'humain et aux guides spirituels, et la possibilité de se tourner vers une existence différente.

Rituel moderne : imaginez votre futur

Ce rituel me fait sourire à chaque fois. Il est utile lorsque vous êtes inquiète ou que vous traversez un moment difficile ou encore quand vous avez la sensation de porter le poids du monde sur les épaules.

D'abord, remplacez l'inquiétude par de la gratitude. Quelqu'un m'a fait remarquer un jour que si nous mettions autant d'efforts d'imagination dans la gratitude que dans l'inquiétude, notre vie serait métamorphosée. Fermez les yeux et pensez à tout ce qui vous inspire de la reconnaissance.

Ensuite, imaginez votre vie dans quelques années : où vous aimeriez vivre (aussi précisément que possible), dans quel domaine vous aimeriez travailler, avec qui vous souhaiteriez être, et, plus important encore, RESSENTEZ-LE vraiment. Ressentez cette incroyable joie d'être dans votre propre vérité, de mener une existence d'abondance et de liberté.

Si possible, pratiquez ce rituel tous les jours, prenez-y du plaisir et faites de ce rêve une réalité !

La pleine lune en Sagittaire

La pleine lune en Sagittaire est comme un message envoyé à vous-même dans le futur. Ce message peut prendre la forme d'une sensation d'expansion ou de savoir. Il peut également se manifester par des moments de synchronisme parfait ou par des petits détails amusants, comme lorsque vous voyez 11,11 € en bas de votre ticket de caisse. Quelle que soit la forme que prend ce message, il vous apporte (je l'espère) du réconfort pendant cette période de « mue » : vous savez que votre ancienne enveloppe est en train de se détacher. Votre nouvelle peau est encore très fragile, délicate et translucide, et vous aurez besoin de temps pour vous y sentir vraiment à l'aise.

Rituel moderne : découvrez l'« essence de votre être » en action dans votre travail

L'énergie du Sagittaire est celle de la légèreté, de la joie et de la croissance. Si vous n'éprouvez pas de plaisir dans ce que vous faites, c'est le moment de prendre un peu de recul. Notez dans un carnet quelle « essence de votre être » est en action dans votre activité professionnelle.

J'ai pratiqué cet exercice pendant la pleine lune en Sagittaire. Il m'a laissée sans voix : j'ai réalisé que le but de Mylky Moon Lab était d'être « à l'écoute, enrichissant et féminin », mais que mon entreprise de marketing numérique était « rigide, masculine et axée sur le résultat » (mon corps s'est littéralement tendu au moment où je l'ai compris). Même si j'aime énormément l'aspect collaboratif de mon travail avec les réseaux sociaux, ce constat m'a donné l'impulsion nécessaire pour changer complètement mon schéma commercial et faire fusionner ces deux « entités de moi-même » afin de tendre vers une vision unifiée.

Visualisez votre destination

La lune en Capricorne

Le Capricorne incarne la détermination et la ténacité de façon pragmatique. Les défis ne l'effraient pas et il nous donne le courage et la force d'avancer, même dans les moments de confusion, quand les choses se compliquent ou que la peur nous étreint.

En observant et en analysant l'évolution de la lune, vous percevrez peut-être l'énergie raisonnable du Capricorne. Certains jours, je me sens oppressée ; j'ai besoin de me mettre au travail et de venir à bout de ma liste de tâches, le plus souvent quand la lune entre en Capricorne.

Bien qu'extrêmement structuré et travailleur infatigable, le Capricorne s'avère exceptionnellement bienveillant et maternel. Il ne refuse jamais de donner un coup de main ou de réconforter. L'important, ici, est de prendre soin de VOUS-MÊME, grâce à des rituels quotidiens et grâce à des habitudes qui nourrissent votre résilience, comme la méditation matinale, une cure de boissons énergisantes ou la pratique régulière du yoga.

Avec l'énergie du Capricorne, il n'est pas question d'abandonner. Jamais. Même si vous perdez espoir, même si vous trébuchez encore et encore et répétez les mêmes erreurs. Vous allez vous relever et avancer, comme une mère célibataire qui élève ses enfants tout en travaillant à plein temps. Elle continue à grimper vers le sommet, même quand les avalanches s'abattent sur elle. Alors, ne vous découragez pas. Même s'il vous arrive de perdre pied de temps à autre, redressez-vous et continuez à avancer.

Faites confiance à l'ordre cosmique : l'énergie du Sagittaire, qui précède celle du Capricorne, nous aide à visualiser notre destination ; celle du Capricorne nous permet d'exprimer ces visions. Cette lune nous apporte le courage et la détermination nécessaires pour bâtir notre rêve, brique après brique, tout en apprenant la lenteur afin de cultiver la patience et la persévérance. Assurez-vous seulement d'avoir tout le nécessaire pour ce long et fascinant voyage.

Invitation : quelques pistes à explorer

☽ Quelles sont vos trois principales priorités pour la semaine, le mois et l'année à venir ?
☽ Quelles sont vos plus grandes peurs ?
☽ Pratiquez-vous des rituels quotidiens et des routines qui vous font du bien ?
☽ Vous offrez-vous une récompense quand vous avez accompli quelque chose ?
☽ Combien d'heures consacrez-vous à votre bien-être et à votre développement personnel ?

L'énergie lunaire : la terre féminine

L'énergie du Capricorne est pragmatique et centrée. Il n'est pas question de suivre aveuglément une quelconque carotte agitée sous votre nez. Le Capricorne est déterminé. Il connaît parfaitement sa destination, qui n'est autre que le sommet de la montagne.

Le Capricorne vous incite à parfaire votre discipline, votre honnêteté, votre compassion et votre bienveillance envers vous-même et envers les autres pour continuer sur la voie que vous avez choisie. Faites-vous du bien chaque jour grâce aux rituels. Connectez-vous à la Terre-Mère aussi souvent que possible.

Les bienfaits : faites un tableau

Déborder d'idées et de centres d'intérêt est une bonne chose. Mais assurez-vous de les concrétiser. Le Capricorne sera votre allié pour cocher les cases dans votre tableau, les unes après les autres.

Une fois que vous avez une vision claire de votre direction, lacez vos chaussures et mettez-vous en route. Le Capricorne excelle dans l'art d'établir des listes structurées, alors concentrez-vous sur votre point final et élaborez votre propre tableau, ou votre cartographie mentale, avec toutes les étapes, les repères et les ressources nécessaires. Cette lune n'aime rien tant qu'un tableau bien organisé.

Les outils

Un seul mot : agenda. Qu'il soit en papier ou numérique, l'agenda est l'outil idéal des jours de lune en Capricorne.

La nouvelle lune en Capricorne

Moins, c'est mieux. La qualité plutôt que la quantité. Restez concentré sur vos objectifs. La nouvelle lune en Capricorne, un signe de Terre, nous ancre dans une réalité pragmatique et nous donne l'énergie de nous préparer à la route escarpée qui nous attend au cycle suivant.

Avez-vous l'impression de patauger au milieu des idées et des sentiments sans trouver la volonté de changer les choses et sans continuer à avancer ? C'est le moment d'affirmer les intentions qui vous rendent plus productif. Ne gaspillez pas votre précieux temps sur ce qui n'est pas essentiel.

La nouvelle lune en Capricorne vous aide à optimiser votre productivité et votre capacité de travail, ainsi qu'à être plus efficace au quotidien. Pendant cette nouvelle lune, oubliez les rituels ésotériques et autres danses mystiques ; c'est le moment de faire « fonctionner » les choses de façon pratique.

Rituel moderne : l'engagement

Écrivez trois engagements par jour/ par semaine/par mois/par an. Quelles sont vos trois priorités pour ces différentes périodes ?

N'oubliez pas ces tâches que vous avez momentanément laissées de côté. Certaines d'entre elles vous font peut-être peur, mais cet effort est indispensable à votre tranquillité d'esprit et à votre évolution. Commencez par celles que vous appréhendez par-dessus tout. Redéfinissez celles auxquelles vous résistez le plus en écoutant votre sagesse intérieure et votre intuition. Essayez de déterminer si la peur vous empêche d'agir. Certaines choses ne sont finalement pas si importantes, ou alors, le moment est peut-être mal choisi.

La pleine lune en Capricorne

Pendant la pleine lune en Capricorne, nous avons l'opportunité de déterminer ce qui bloque notre lumière et empêche notre joie de briller au maximum et, je l'espère, d'amorcer le changement. Cette énergie éclaire les endroits de votre vie et de votre carrière où vous limitez votre propre croissance. Vous travaillez dur, mais n'obtenez pas les résultats escomptés. Ou vous ne vivez tout simplement pas la vie dont vous rêvez. Parfois, nous devons nous détacher de l'illusion de sécurité afin de déterminer les éléments à développer de façon un peu plus égoïste.

Cette pleine lune veut que vous considériez d'un œil VRAIMENT honnête la façon dont vous dépensez votre énergie ou la façon dont vous la gâchez, les choses (ou les personnes) qui vous épuisent et à cause de quels fonctionnements. Vous êtes peut-être conditionné par votre famille, par votre lignage culturel ou ancestral. Vous avez probablement besoin de travailler sur ce problème.

Rituel moderne : identifiez vos fuites et vos remèdes énergétiques

Les fuites énergétiques sont toutes les situations, personnes, activités, aliments, boissons ou autres qui vous font perdre de l'énergie (et altèrent la clarté cognitive dont vous avez besoin pour atteindre vos rêves). Cette liste est différente pour chacun d'entre nous. Soyez attentif à ce que vous ressentez pour dresser la vôtre.

MES FUITES ÉNERGÉTIQUES

☽ Les environnements bruyants
☽ Me coucher après 23 heures
☽ Abuser des boissons caféinées
☽ Passer trop de temps devant les écrans
☽ Rester enfermée toute la journée
☽ Surfer sur Instagram ou sur Internet jusqu'à minuit
☽ Faire plusieurs choses à la fois

Pour les remèdes énergétiques, soyez discipliné : restructurez votre emploi du temps, incluez des moments de repos, de l'exercice physique et des sorties, une alimentation saine et tout ce dont votre corps et votre esprit ont besoin pour se sentir bien. Écoutez votre corps et retournez à la Terre. Là encore, les remèdes énergétiques seront différents pour chacun.

MES REMÈDES ÉNERGÉTIQUES

☽ Les moments de solitude
☽ Huit heures de sommeil
☽ Le thé matcha
☽ Nager dans un lieu sauvage
☽ Lire
☽ M'étendre nue au soleil

Faites la liste de vos fuites et de vos remèdes énergétiques.

Abandonner est hors de question

La lune en Verseau

Le Verseau nous détache du quotidien et nous éloigne de la « réalité connue ». Il nous encourage à déployer nos ailes et ouvre notre esprit sur le grand tableau cosmique. L'objectif de cette énergie est de nous propulser vers notre vérité ultime grâce à l'imagination, l'innovation et le changement. Aller dans l'espace ? Marcher sur la Lune ? C'est le Verseau. Vous pensez que c'est impossible ? Pour le Verseau, l'« im-possible » se transforme en « un possible ».

Nous venons tous au monde avec une mission à accomplir, beaucoup plus importante que nous le pensons, et la responsabilité de mettre à contribution nos capacités et notre talent au sein de notre communauté, ou plus largement, de la société. Vous ne vivez pas seulement pour vous-même, vous ne progressez et ne guérissez pas uniquement pour votre propre bien : VOTRE métamorphose est indispensable au futur de la vie sur Terre.

Notre vie professionnelle peut se révéler mouvementée, chaotique et mystérieuse ; le Verseau nous aide à être plus à l'aise avec cette idée et à garder le regard fixé sur l'horizon, même plus loin. Il nous enjoint à travailler avec passion, à allier spiritualité et stabilité, profit et éthique, vision ciblée et cocréation.

Oubliez les règles, les feuilles de route et les étapes traditionnelles, écrivez vos propres règles, écoutez votre corps et votre guide intérieur.

Quelques jours par mois, la lune en Verseau nous ouvre la porte sur cette nouvelle vision de la vie, du travail et de la création. Ici, la technologie, l'innovation et la collaboration sont des clés. La lune en Verseau nous encourage à nous réunir pour impulser un changement radical. Nous n'irons pas loin en restant isolés.

Invitation : quelques pistes à explorer

- Comment pouvez-vous utiliser votre passion pour qu'elle soit utile à plus grande échelle ?
- Savez-vous vous aménager un espace pour vous connecter à votre alchimiste intérieur et à votre pulsion novatrice ?
- Êtes-vous disposé à penser différemment, à effacer toutes les vieilles croyances et toutes les vieilles règles pour écrire les vôtres ?
- La technologie est-elle à vos yeux un frein ou un levier ?

L'énergie lunaire : l'air masculin

Les deux termes clés du Verseau sont *esprit* et *action ciblée*. Cette énergie est tout sauf progressive. Les croyances archaïques et le vieux monde vont s'effondrer. En termes de cycles infiniment plus grands, nous entrons dans l'Ère du Verseau qui va s'étendre sur plus de 2 000 ans. Ce nouveau paradigme sera visionnaire, créatif, rebelle et libre, tout ce dont nous avons besoin pour bâtir un monde supérieur à l'ancien.

La lune en Verseau vous propose d'oublier les trivialités et d'apprendre à déléguer pour vous focaliser sur le succès à atteindre. Cette énergie masculine a des limites bien définies, ce qui vous permet d'avoir l'espace nécessaire à la création et à l'innovation. Il s'agit finalement d'en faire moins, mais de remettre en question toutes vos actions et tous vos besoins. C'est la fusion entre un objectif clair et une action ciblée.

Les bienfaits : utilisez votre esprit

La lune en Verseau vous donne le feu vert pour tous les échanges d'idées et les changements à grande échelle, surtout quand il est question d'utiliser les nouvelles technologies au service de notre bien-être, de notre société et de notre environnement.

C'est le moment de développer vos idées et de vous familiariser avec deux concepts : la clarté cognitive et la paresse stratégique. Apprenez à adopter une vue d'ensemble. Refusez les futilités et les commérages de bureau, les heures passées devant Netflix et Facebook, ce sont des pertes d'énergie. Le Verseau vous demande d'apprendre à déléguer, au point de ne plus faire que ce que VOUS avez besoin de faire. Ne vous laissez pas envahir par les tâches que vous pouvez déléguer ou confier à des personnes que vous embauchez ni par les travaux qui ne font pas appel à vos capacités. Maintenir la tête hors de l'eau est indispensable pour voir arriver les changements de temps et ne pas perdre le rivage de vue.

Les outils

Inutile d'engager toute une équipe d'assistants. Il existe de nombreux sites et plateformes qui proposent un soutien aux petites entreprises, des assistants virtuels qui n'exigent ni contrats de travail ni travaux administratifs supplémentaires.

La fluorite est mon cristal préféré quand la lune est en Verseau. Surnommée « la pierre qui met de l'ordre dans le chaos », elle nous rappelle qu'il est essentiel de prendre du recul et d'oublier les futilités afin d'avoir une vue d'ensemble. La fluorite permet de coordonner les capacités physiques et intellectuelles ; elle apporte la clarté et le rajeunissement et transforme la confusion et la frustration en sentiment de paix. La fluorite est un outil formidable à garder sur sa table de nuit. J'adore travailler avec ce minéral dès le réveil, quand je suis encore dans mon lit. Posez-le tout simplement sur votre troisième œil, votre cœur ou votre bas-ventre, et respirez. Sentez la vibration apaisante qui vous accompagnera toute la journée.

La nouvelle lune en Verseau

Nous nous accrochons trop souvent à nos habitudes et à nos routines, comme à des mécanismes de sécurité. Toutes ces croyances profondément enracinées nous emprisonnent dans une version obsolète de nous-mêmes et empêchent notre développement.

Les rituels quotidiens sont très bénéfiques, mais il est essentiel de faire bouger les choses de temps à autre, de tout remettre en question. Laissez voguer votre imagination et votre créativité. Votre vie évolue constamment, il est donc naturel que vos habitudes changent en conséquence.

La nouvelle lune en Verseau vous demande de considérer votre vie avec objectivité et de vous intéresser aux possibles innovations. Découvrez quelles technologies ou applications peuvent vous être utiles pour devenir une meilleure version de vous-même.

Rituel moderne : activez votre curiosité profonde

Je vous invite à vous poser une question bien précise. Cet extraordinaire exercice d'investigation peut être pratiqué avec un partenaire ou seul.

Asseyez-vous, par exemple, en face de votre partenaire professionnel et posez-lui une question. « Qu'est-ce qui t'a empêché de mener la vie de tes rêves ? » Réglez une minuterie sur cinq minutes et laissez à cette personne le temps de répondre. Permettez à son subconscient de s'exprimer. Le silence est aussi le bienvenu.

Celui qui écoute la réponse doit être attentif et ne pas interrompre. Ensuite, échangez vos places et demandez à votre partenaire de vous poser la même question. Répétez deux fois ce processus, en écoutant toujours avec attention, sans répondre ni couper la parole, afin de laisser la place à tout ce qui pourrait émerger. Ensuite, prenez le temps d'écrire ce que vous venez d'échanger.

Si vous n'avez pas de partenaire, vous pouvez pratiquer cet exercice grâce à l'écriture libre. Notez la question en haut d'une page et écrivez librement les réponses (tout ce qui vous vient à l'esprit, sans réfléchir) pendant 10 minutes.

La pleine lune en Verseau

La pleine lune en Verseau nous invite à nous rassembler. Au plus profond de nous-mêmes, nous savons que ne pouvons pas aller loin en restant seuls. Ensemble, nous sommes invincibles. Cette phase lunaire nous encourage à initier des expériences qui réunissent les grands penseurs de divers horizons autour d'un objectif commun.

Cette pleine lune a une qualité cosmique ; elle nous rappelle que nous avons tous quelque chose de précieux à offrir, une vision et des aptitudes uniques. Vous n'êtes pas seul dans ce voyage, vous n'êtes pas seul à avoir un objectif à atteindre, à essayer de sortir du lot et à vous poser des questions, à ne pas rentrer dans les cases.

La conception créative est un concept qui répond bien à l'énergie de la lune en Verseau : c'est un processus créatif centré sur l'humain qui vise à résoudre collectivement les problèmes. C'est un moyen de développement des idées qui encourage les entreprises à s'intéresser à l'utilisateur final pour optimiser un produit, des services ou des procédés internes.

Rituel moderne : un groupe de réflexion

Proposez un groupe de réflexion pendant la pleine lune :

1. Si c'est possible, et si vous travaillez en équipe, choisissez des participants d'horizons et de courants de pensée différents.
2. Définissez une structure et une durée claires.
3. Choisissez un lieu inconnu, de préférence en extérieur.
4. Commencez la réunion par une séance de méditation ou des exercices de respiration, afin que chacun puisse se connecter à sa propre sagesse intérieure.
5. Renoncez à prendre le contrôle.
6. Renoncez à l'idée de trouver des réponses ou des solutions immédiates et écoutez attentivement.
7. Dites-vous que les solutions viendront quand vous vous laisserez aller au sentiment d'appartenir à une communauté et/ou à la nature. « Comprendre les choses » par soi-même n'est pas nécessaire.

Lâchez prise pour vous développer. Détachez-vous pour vous connecter. Créez vos propres règles.

La curiosité est le maître mot. Avant toute chose, restez curieux, posez des questions, continuez à explorer en profondeur, ressentez la complexité des structures en vous et autour de vous, vous ne pourrez pas vous perdre.

Écrivez vos propres règles

La lune en Poissons

Les périodes de lune en Poissons sont pleines de sensibilité, tant sur le plan physique que mental. Nous achevons ici notre voyage lunaire et approchons de la fin d'un cycle. C'est le moment de fusionner avec la Vérité universelle, de ne faire qu'une avec elle. Nous intégrons ici tout ce que nous avons appris en chemin afin de renaître, tel un « bébé cosmique » dans le cycle suivant qui commencera par le Bélier.

L'énergie du Poissons provoque des vagues d'émotions et de sentiments souvent difficiles à exprimer. Certaines situations sont des déclencheurs à un niveau inconscient et nous pouvons avoir besoin d'un peu de temps pour éclaircir notre vision. Le Poissons nous rappelle l'importance d'une proximité avec la respiration universelle et celle de se laisser porter par les eaux cosmiques. C'est un moment d'introspection et, si vous le souhaitez, de solitude.

Cette énergie lunaire est celle du psychique, elle ressent tout, la joie comme la souffrance. Être dans la foule (dans un festival, par exemple), peut-être un peu difficile à supporter pour l'âme. Tous ceux qui ont l'énergie du Poissons imprimée dans leur schéma cosmique savent que la vie n'est pas toujours simple. La lune en Poissons ne connaît pas de limites. L'amour peut être abondant, tout comme la douleur ou toute autre émotion.

Avant tout, le Poissons nous apporte la certitude suprême de notre liberté. L'Univers ne nous a pas mis au monde dans un moule formaté. Nous ne sommes pas le produit d'une usine cosmique. Nous n'avons pas à nous comporter de telle ou telle façon pour nous intégrer, qu'il s'agisse de la vision que nous avons de nous-mêmes ou de celle de quelqu'un d'autre. Nous n'avons pas besoin de faire semblant d'être parfaits pour plaire à tout le monde ou pour être populaires sur Instagram.

L'Univers veut que vous trouviez votre propre vérité. Ayez confiance en tout ce que vous faites, ressentez et traversez. Vous êtes sur le bon chemin.

Invitation : quelques pistes à explorer

☽ Pouvez-vous vous ouvrir davantage et faire tomber vos barrières protectrices et vos défenses pour soigner vos plaies les plus profondes ?

☽ Pouvez-vous vous immerger dans la bienveillance et la compassion afin de recevoir et de canaliser l'amour véritable ?

☽ Pouvez-vous vous connecter davantage à l'amour inconditionnel de l'Univers ?

☽ Savez-vous poser des limites pour ne pas vous laisser envahir par l'énergie des autres ?

☽ Savez-vous purifier et recharger votre énergie au quotidien ?

Énergie lunaire : l'eau féminine

Pendant ces derniers siècles, l'énergie lunaire du Poissons n'a pas eu la liberté de se déployer. La productivité masculine et la linéarité ont pris le dessus et le Poissons, fluide et rêveur, n'a pas pu lutter. Cette énergie féminine et aquatique n'est pas à sa place sur cette Terre ; elle semble appartenir au Cosmos. Déconnectée et isolée, elle évite les débordements émotionnels, intérieurs et extérieurs, et réprime ses pouvoirs.

Mais nous sommes à l'aube d'une ère nouvelle. Avec l'éveil du féminin et l'intérêt retrouvé pour l'intuition et le regard intérieur, l'énergie du Poissons renoue avec ses lettres de noblesse. Nos eaux tourmentées redeviennent plus calmes et se rejoignent comme deux rivières qui fusionnent pour n'en former qu'une. Les scientifiques s'unissent aux mystiques et aux guérisseurs, la mode à la nature, l'entreprise à l'astrologie. L'énergie du Poissons défait nos multiples strates de conditionnement et initie une renaissance au niveau de l'âme.

Les bienfaits : faites connaissance avec votre propre magie

Pendant la lune en Poissons, il est essentiel de se ménager du temps et de l'espace rien que pour soi. De temps en temps, nous devons nous échapper pour établir une communion avec la sagesse divine, nous couper de toute stimulation extérieure pour laisser l'inspiration naître de l'intérieur.

Le Poissons nous rappelle que l'information que l'on consomme n'a de sens que lorsque nous prenons conscience que le pouvoir ultime, la sagesse et la guérison viennent toujours de l'intérieur. Tout est déjà en vous.

Les outils

Lorsque la lune entre en Poissons, j'aime beaucoup travailler avec une célestine bleu clair qui m'évoque des eaux calmes. Ce cristal, qui symbolise la sérénité et la paix, me procure un sentiment de confiance et de fluidité. Si vous vivez et respirez au rythme de l'amour universel, vous obtiendrez la clarté mentale dont vous avez besoin. La célestine vous connecte également à vos gardiens et à vos guides intérieurs, ce qui vous sera nécessaire pour accueillir la présence chimérique du Poissons.

J'apprécie tout particulièrement les vertus de la célestine quand je m'apprête à écrire, même un simple e-mail. Vous pouvez essayer, cela ne vous prendra que quelques minutes. Fermez les yeux, respirez profondément et gardez le cristal dans votre paume gauche (la gauche est associée à notre côté féminin, plus apte à recevoir de l'énergie). Sentez sa caresse apaiser votre âme et laissez votre centre créatif s'ouvrir.

Tenir un journal est très bénéfique pendant la lune en Poissons, ou toute autre activité qui laisse couler votre sève créatrice et traduit en mots ou en images ce qui surgit de votre inconscient.

La nouvelle lune en Poissons

La nouvelle lune en Poissons est une puissance silencieuse. Un bruissement que vous ressentez dans vos os. En tant que dernier signe du zodiaque, cette lune est la grande mystique, l'amoureuse et la rêveuse, sensible à toutes les énergies subtiles qui circulent autour de nous. Nous nous sommes allégés et nous avons beaucoup appris au cours de ce dernier cycle, avec cette nouvelle lune vient le moment de souffler un peu.

Aux yeux de l'Univers, les différents personnages en vous et vos différents masques n'ont aucun intérêt. Le nombre d'heures que vous passez à travailler, la somme d'argent sur votre compte bancaire ou la voiture que vous conduisez n'ont aucune importance. En revanche, votre guérison est ESSENTIELLE. L'Univers veut que vous deveniez un vaisseau empli de lumière pure, qui éclairera tous ceux qui en ont besoin. En particulier la Terre-Mère.

En guérissant, vous commencez à recevoir. Votre énergie se diffuse différemment. Vous obtenez une direction à suivre. Les opportunités et les rencontres se mettent à affluer comme par miracle. Vous vous sentez soutenu et encouragé. Les sources d'énergie sont infinies. Nous voulons que la guérison arrive par vagues, sans forcer, sans rigidité. Cessez de courir après le succès et laissez chaque chose arriver en temps voulu.

Rituel moderne : apprenez à recevoir

Imaginez que votre seule mission soit d'apprendre à recevoir. Pendant cette nouvelle lune, prévoyez, dans votre agenda, une semaine consacrée uniquement à recevoir, au lieu de l'occuper à donner (votre travail, votre énergie, votre temps, votre aide...). Voyez tous ces présents offerts par l'Univers (l'argent, le soutien, la nourriture, la sagesse...) et demandez-vous comment faire pour les amplifier.

Votre objectif est de vous délester des blocages qui vous empêchent d'accueillir la magie de l'Univers, mais également d'établir certaines limites. Dites-vous « oui » quand vous devriez dire « non » ? Dites-vous « non » quand vous devriez dire « oui » ? Quelles énergies sont en jeu ?

En sachant que la guérison est votre unique objectif, la plus importante de toutes, comment pourriez-vous redéfinir vos priorités ? Quels changements devriez-vous initier ?

La pleine lune en Poissons

La pleine lune en Poissons nous invite à retrouver notre liberté. Nous nous imposons certaines limites, persuadés d'être comme ceci ou de devoir être ou agir comme cela. En réalité, nos actions relèvent de notre seul choix. Mais la connaissance ultime de ce que nous sommes réellement nous vient en écoutant notre ressenti, en explorant en profondeur notre sagesse et notre intuition. Ne suivez pas le chemin tout tracé que vous proposent la société, les médias et même votre propre ego.

Cette pleine lune évoque la puissante connexion qui nous lie à l'Univers et au divin. Elle nous rappelle que nous pouvons avoir confiance en notre chemin, que nous pouvons trouver la liberté en suivant le courant et en écoutant nos rêves.

Rituel moderne : créez avec votre intuition

Ce dernier rituel est une invitation à placer votre intuition, votre sagesse, votre alignement et votre capacité d'écoute dans tout ce que vous faites et créez, qu'il s'agisse de votre travail, du contenu que vous diffusez sur les réseaux sociaux ou même de tout ce qui ne semble pas, à première vue, profondément spirituel ou participant de votre santé et de votre bien-être.

En réalité, le Poissons permet d'intégrer tous les aspects de votre être sans avoir à changer constamment de masque. Vous pouvez être pleinement conscient de votre corps, que vous soyez au travail ou à une séance de yoga āsana. Vous pouvez poster sur les réseaux sociaux avec le même niveau d'intention et de vulnérabilité que lorsque vous écrivez une lettre à quelqu'un de cher. Le Poissons efface ces frontières. Il nous aide à cesser de décloisonner les différents aspects de nous-mêmes, à ne plus avoir la sensation de vivre plusieurs vies à la fois, au risque de perdre de vue qui nous sommes réellement.

Soyez VOUS-MÊME, suivez VOTRE propre courant et créez tout ce que votre cœur vous dicte avec authenticité et aisance.

Cherchez votre propre vérité

Ce n'est qu'un au-revoir

Voici venu le moment de se dire adieu. Mais, dans la vie cyclique, les adieux n'existent pas. Il n'y a que des « au-revoir ».

La fin n'est que le début d'un nouveau cycle. Celui-ci sera différent de tous ceux que vous avez vécus dans le passé et de tous ceux que vous pourriez connaître à l'avenir.

Chaque instant est précieux. Chaque instant a le potentiel de changer les choses et vous ne savez pas qui vous serez au moment où la Lune aura effectué le tour complet de notre planète Terre.

C'est la magie de l'existence.

J'espère que ce livre ne finira pas enterré sous une pile de magazines au pied de votre lit ni oublié sur une étagère. Il est fait pour être utilisé, encore et encore. Lisez-le, puis relisez-le quand la Lune redémarrera un nouveau voyage dans notre orbite. Vous pouvez écrire dans la marge ou même arracher certaines pages. Vous pouvez y glisser des notes, des plantes, des photographies ou tout ce qui vous inspire pendant cette aventure. Ce n'est que le commencement et, après quelques « lunes », vous aurez la sensation que les rideaux cosmiques commenceront à s'entrouvrir et que vous apercevrez derrière un Univers entier qui vous tend les bras.

Si vous voulez en savoir plus, abonnez-vous aux *Moon Letters* bimensuelles sur www.mylkymoonlab.com[1], ou contactez-moi pour une séance de mentorat. J'aimerais beaucoup lire vos témoignages à propos des phases et des signes lunaires, alors n'hésitez pas à me laisser un petit mot à cette adresse : mamabear@mylkymoonlab.com

---

[1] Site en anglais.

L'auteur

Merilyn Kesküla-Drummond est mentor, conférencière et entrepreneuse. Elle vit à Londres avec son mari et leur chien Lune. Née en Estonie, Merilyn a quitté son pays d'origine à l'âge de 20 ans pour étudier le management de la mode à Londres. Elle a travaillé pour plusieurs magazines qui la faisaient rêver quand elle était plus jeune, dont *Vogue* et *ELLE*, et voyagé dans le monde entier.

Comme elle a du mal à poser ses valises, Merylin a longtemps mené une vie de nomade urbaine, l'été à San Francisco, l'automne à Monaco, avant de se poser à Zurich, en Suisse. Là, elle a travaillé pendant six années au sein d'une équipe de stratégie d'innovation mondiale pour une grande marque audio allemande. Après avoir souffert d'anxiété et de périodes de burn-out pendant plusieurs années, Merylin commence à s'intéresser aux cycles (les siens et ceux qui l'entourent) et renoue avec son amour de l'astrologie. En 2016, elle fonde Mylky Moon Lab et propose désormais des ateliers dans le monde entier, notamment à Zurich, Londres, Milan et Copenhague.

Merylin dirige également une agence de marketing numérique, Keskula Digital, qui s'appuie sur la méthode lunaire et les principes du minimalisme numérique pour la création de contenu destiné aux réseaux sociaux.

Site internet : www.mylkymoonlab.com
Instagram : @mylkymoonlab

Liens utiles

RÉFÉRENCES

Page 22

La Terre et la Lune sont isotopiquement similaires

Nicolas Dauphas « La nature isotopique de la matière terrestre accrétée au fil du temps », Nature, 26 janvier 2017.

Composition de la Lune

https://www.space.com/19582-moon-composition.html (en anglais)

Page 25

La course à l'espace

Martin Parr, *Space Dogs: The Story of the Celebrated Canine Cosmonauts* (Les chiens de l'espace, l'histoire des célèbres cosmonautes canins), Laurence King Publishing, Londres, 2019 (non traduit).

Page 28

La mode de l'ère spatiale

http://www.bbc.com/culture/story/20160830-mcdonalds-golden-arches-the-strange-story-of-an-icon (en anglais)

https://www.highsnobiety.com/p/evolution-space-aged-fashion/ (en anglais)

https://www.vogue.com/article/pierre-cardin-exhibition-brooklyn-museum-of-art (en anglais)

https://www.vogue.com/article/pierre-cardin-exhibition-brooklyn-museum-of-art (en anglais)

L'uniforme de l'émancipation féminine

https://www.highsnobiety.com/p/evolution-space-aged-fashion/ (en anglais)

Page 31

Osiris dans l'Égypte antique

Stephen Quirke et A. Jeffrey Spencer, *British Museum Book of Ancient Egypt* (Le livre de l'Égypte ancienne du British Museum), The British Museum Press, 1996 (non traduit).

Page 36

Jardiner avec la Lune

http://www.mon-bio-jardin.com/faq/jardiner-avec-la-lune-mythe-ou-realite--104.html

Page 41

Le temps des lunes et la puissance féminine

https://www.mysticmamma.com/moon-time-and-astrology/ (en anglais)

Sharon Blackie, *If Women Rose Rooted: The Journey to Authenticity and Belonging* (Si la rose féminine prenait racine, voyage vers l'authenticité et l'appartenance), September Publishing, Tewkesbury, 2016 (non traduit).

Miranda Gray, *La Femme optimale : Un programme en 28 jours pour découvrir les énergies créatrices du cycle féminin et s'épanouir*, Le courrier du livre, Paris, 2015.

Owen Lara, *Her Blood is Gold: Awakening to the Wisdom of Menstruation* (Son sang est de l'or, éveil à la sagesse des menstruation), Archive Publishing, Shaftesbury, 2008 (non traduit).

Lucy H Pearce, *Burning Woman* (La femme qui brûle), Womancraft Publishing, Shanagarry, 2016 (non traduit).

Alisa Vitti, *WomanCode : Perfect Your Cycle, Amplify Your Fertility, Supercharge Your Sex Drive and Become a Power Source* (Code féminin : perfectionnez votre cycle, amplifiez votre fertilité, dynamisez votre libido et devenez une source de pouvoir), HarperCollins, New York, 2013 (non traduit).

Sjanie Hugo Wurlitzer et Alexandra Pope, *Magie du cycle féminin : Le pouvoir des règles*, Mamaéditions, Paris, 2018.

Page 42

Tentes rouges

http://www.mysticmamma.com/woman-moon-lodge/ (en anglais)

https://www.telegraph.co.uk/women/life/why-women-are-gathering-in-red-tents-across-the-uk/ (en anglais)

https://www.sevencircles.org/womens-moontime-and-ceremony/ (en anglais)

L'amoise

https://www.ubulawu.fr/armoise-mugwort#!

https://www.fatandthemoon.com/blogs/news/magic-mugwort (en anglais)

Grand-mère Lune
https://traditionalnativehealing.com/tag/grandmother-moon (en anglais)

Page 61
Études portant sur la Lune et le crime
C P Thakur et D Sharma, « Crime et pleine Lune », P. 1798-91, *British Medical Journal*, 1984, (non traduit).
T A Wehr, « Cycles d'humeur bipolaire et cycles de marée lunaire », *Molecular Psychiatry*, 2018 (non traduit).
https://www.nature.com/articles/mp2016263 (en anglais)

Page 63
Frank Brown, études sur les hamsters
F A Brown, « Propension des périodicités lunaires chez les hamsters et implications sur les théories de l'horloge biologique », P. 792-97, *Proceedings of the Society for Experimental Biology and Medicine*, décembre 1965 (non traduit).
Études sur les blessures des animaux de compagnie et la pleine de la lune
https://www.livescience.com/37928-ways-the-moon-affects-animals.html (en anglais)

Pages 80
Les signes astrologiques féminins et masculins
https://katieturner.love/2015/12/28/masculine-and-feminine-signs-and-gender-in-astrology/ (en anglais)
https://stormcestavani.com/2013/10/06/astro-101-the-astrological-signs-part-1-gender-in-the-horoscope/ (en anglais)

Page 96
Les événements bien-être
https://www.salons-bien-etre.fr/annuaire-salons-bien-etre-gratuit-2-2/
https://www.neobienetre.fr/evenements-bien-etre/

Podcast
https://podcastfrance.fr/podcasts/sante-bien-etre/au-fil-des-lunes/
https://shows.acast.com/happiness-therapy
https://podcasts.apple.com/fr/podcast/apprentie-sorci%C3%A8re/id1493380188

Page 103
Rassemblements
https://spiritweaversgathering.com/ (en anglais)

Page 120
Huiles essentielles
https://www.passeportsante.net/portail/huiles-essentielles
http://www.conseils-aromatherapie.com/non-classe/les-huiles-essentielles-de-a-a-z/

Cacao et cérémonies au cacao
https://www.conscience-chamanique.fr/cérémonie-du-cacao
https://www.lecentre-element.com/ateliers/2017/5/30/ceremonie-cacao

Page 126
Sexualité sacrée
Regena Thomashauer, *Pussy: A Reclamation* (La chatte: une réhabilitation), Hay House, New York, 2016 (non traduit).
https://www.grace-hazel.com/ (en anglais)
https://www.thejadedoor.com/ (en anglais)
L'argent est l'énergie
Tosha Silver, *It's Not Your Money: How to Live Fully from Divine Abundance* (Ce n'est pas votre argent : comment vivre pleinement grâce à l'abondance divine), Hay House, New York, 2019 (non traduit).
Marianne Williamson, *The Law of Divine Compensation: On Work, Money and Miracles* (La loi de la divine compensation : du travail, de l'argent et des miracles), HarperCollins, New York, 2012 (non traduit).
https://wearesacred.org/the-3-great-spiritual-lies-about-money/ (en anglais)

RESSOURCES UTILES

Site sur la sagesse de la Lune
https://www.wemystic.fr/sagesse-pleine-lune/
https://chaninicholas.com/ (en anglais)
Suivre les phases de la Lune et des signes
http://www.calendrier-lunaire.net/les-phases-de-la-lune
https://www.numerama.com/sciences/608798-lune-planetes-lumiere-zodiacale-que-voir-dans-le-ciel-en-mars-2020.html
https://www.calendrier.com/signes-astrologiques
Calculateurs de signe lunaire
http://www.calendrier-lunaire-online.net/mondhoroskop.asp
https://cafeastrology.com/whats-my-moon-sign.html (en anglais)

Index

(Les numéros de page en **gras** renvoient à la rubrique principale du signe astrologique correspondant)

Remerciements

J'aimerais adresser un immense Merci à Olivia Percival et à Valeria Huerta, mes agents littéraires, qui m'ont demandé de me lancer dans cette aventure. J'ai toujours su qu'un jour, j'écrirais un livre et elles ont ouvert la porte qui a permis à ce rêve de devenir réalité. Merci aux éditrices – en particulier Kate et Polly chez Octopus – pour leur aide et leur soutien fabuleux, et pour avoir cru que la Lune pouvait être un sujet digne d'être exploré par le grand public.

Je suis immensément reconnaissante à mes incroyables amis de Londres, de Zurich et de partout dans le monde, qui ne m'ont jamais considérée comme une Folle de la Lune, mais se sont impliqués dans mon Mylky Moon Lab depuis le début – ils ont même rejoint mes humbles Cercles de Lune à l'époque (vous vous reconnaîtrez).

Je remercie les Spirit Weavers (les Tisseuses d'esprit) qui ont profondément changé ma vie, Irene Lauretti qui a répondu à mes messages Instagram et tous les merveilleux enseignants, guérisseurs et sœurs de la Lune autour de moi qui m'ont soutenue dans cette aventure. Merci à Celine Chappert – tu as été une perle et une inspiration à tous les niveaux – et merci à Elisa Vendramin, Marianne Viktor et Christel Voss qui m'ont aidée à créer l'identité visuelle du Mylky Moon Lab.

Je serai éternellement reconnaissante à ma famille, en Estonie et à Londres, pour son amour, son soutien et les livres sur la Lune qu'elle m'a offerts pour Noël et mes anniversaires ces dernières années.

Par-dessus tout, il existe quelque chose de plus grand, et dont proviennent toutes ces informations. Alors j'aimerais remercier les étoiles, la Terre-Mère, la Grand-Mère Lune, le Soleil, les cycles, l'air et les eaux, les plantes, les créatures et toutes les énergies magiques intérieures et extérieures, ainsi que nos ancêtres et les guides qui veillent toujours sur nous et s'assurent de notre intégrité. Je suis sûre que c'est l'un d'entre eux qui m'a chuchoté ces histoires de Lune à l'oreille.